这是一片神奇的土地

自古以来

就是我国南北交通与文化交流的重要区域

文化底蕴十分丰厚……

湖北省南水北调工程
重要考古发现 II

编辑委员会

主　任：

张　通

副主任：

杜建国

编　委：

汪元良　　沈海宁　　彭承波

黎朝斌　　齐耀华　　陈振裕

邢　光　　宫汉桥　　王风竹

李　勇　　包东波　　孟华平

总　编：

沈海宁

副总编：

黎朝斌　　王风竹

策　划：

杜　杰

编　辑：

杜　杰　李　雁　代　攀

湖北省南水北调工程
重要考古发现 II

湖北省文物局 主编

文物出版社

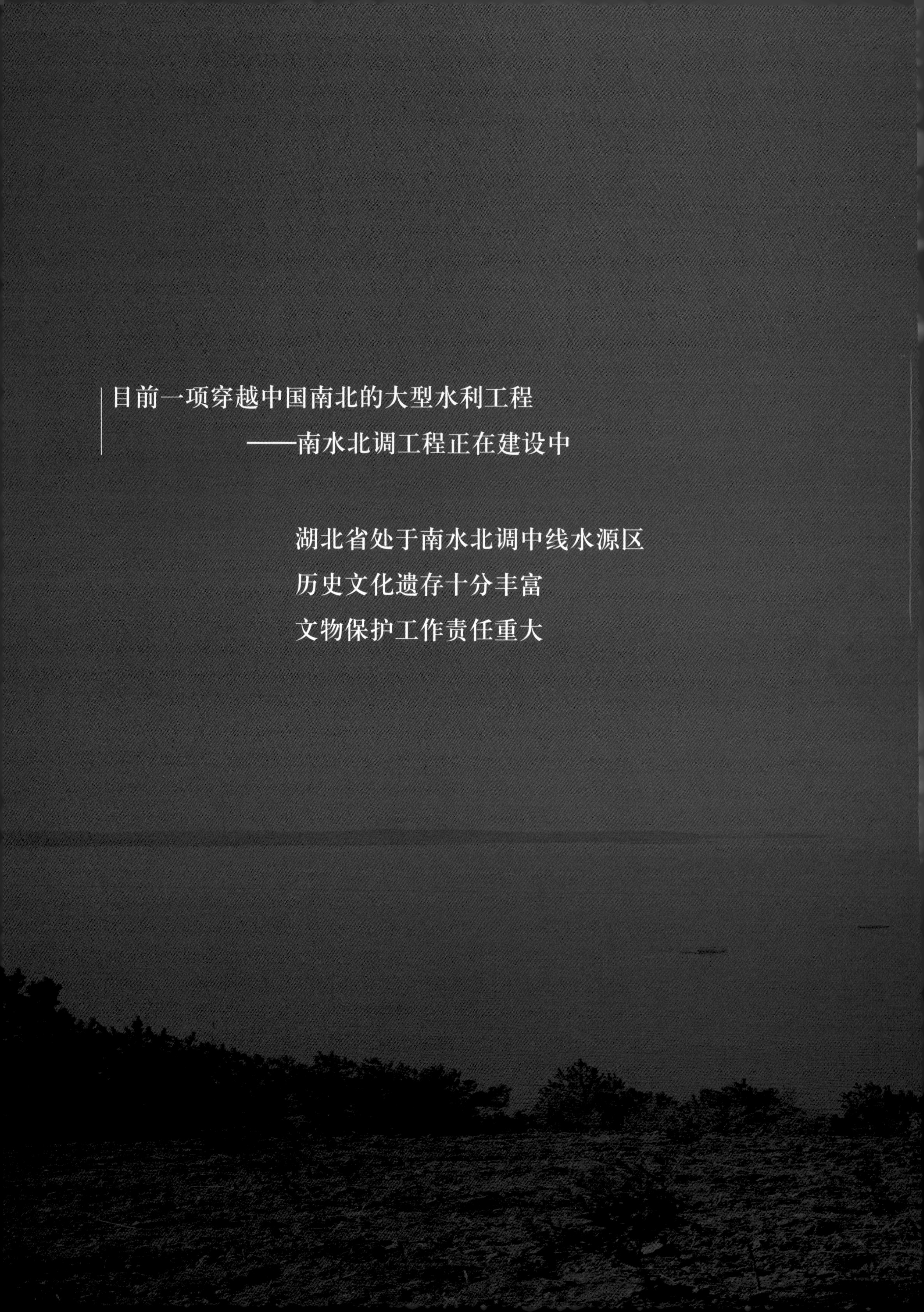

目前一项穿越中国南北的大型水利工程
——南水北调工程正在建设中

湖北省处于南水北调中线水源区
历史文化遗存十分丰富
文物保护工作责任重大

南水北调工程总体规划为东线、中线和西线三条调水线路。通过三条调水线路与长江、黄河、淮河和海河四大江河的联系，构成"四横三纵"为主体的总体布局，以实现我国水资源南北调配、东西互济的配置格局。由于该工程要穿越一些重要的历史文化区域，所以南水北调工程在建设中，采取文物保护先行的做法，以使工程区域内的文物得到全面保护。

南水北调中线工程示意图

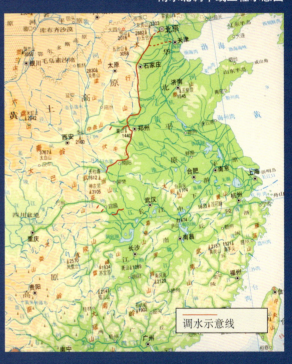

调水示意线

湖北省地处长江中游，因在洞庭湖以北而得名，地理坐标为东经108°21′～116°07′，北纬29°01′～33°16′。东连安徽，南界湖南、江西，西部与重庆市接壤，北接河南，西北和陕西毗邻，国土面积约18.59万平方公里，约占全国国土总面积的1.94%。

湖北地貌以山地丘陵为主，分为平原、岗地、丘陵、山地四种类型。全省地处北亚热带和中亚热带北段，北部接近我国北亚热带的北界，南跨越中亚热带的北界。处于我国东部季风气候区，属典型的亚热带季风气候，降水充沛，属于湿润带，局部地区甚至属于多雨地带，因而河流水源补给充足，境内以长江、汉江为骨干，接纳了省内千余条中小河流。长江从重庆巫山县入境，横贯全省，至黄梅县出境，长达1061公里。汉江自陕西蜀河口入境，由西北向东南斜贯省内，于汉口汇入长江，长878公里，是湖北第二大河流。

目 录

文化遗产保护的机遇与挑战
——做好湖北省南水北调工程文物保护工作

丹江口市

湖北省南水北调工程文物保护工作大事记 (2007～2008年)

文化遗产保护的机遇与挑战
——做好湖北省南水北调工程文物保护工作

南水北调工程是调整我国水资源配置的重大战略性工程。推进南水北调工程建设，对于合理配置大江大河水资源、缓解北方地区水资源短缺现象、推进经济结构调整、转变发展方式以及生产生活方式，具有重要意义。根据规划，南水北调中线工程丹江口水库大坝建设及配套进行的汉江中下游四项治理工程涉及鄂西北（十堰市下辖的丹江口市、郧县、郧西县、张湾区、武当山特区）和江汉平原（荆州、荆门、潜江等地市）两大区域。已有的工作表明，无论是作为长江、黄河流域古代文化相互交流、碰撞、融合的重要过渡地带的鄂西北，还是作为中国稻作农业的起源和发达地区之一，素有"鱼米之乡"美称的江汉平原，自古以来都是人类生息繁衍的重要区域，对于研究中华文化多元一体格局的形成，尤其是早期楚文化及楚国强盛时期的政治、经济和文化具有重要意义。

科学规范地抢救保护好南水北调工程涉及区域内的历史文化遗产是我们肩负的历史使命，与此同时，在强调多学科结合和科技手段应用、文物保护工作水平日益提高的今天，如何以科学发展观为指引，以南水北调工程文物保护大会战为契机，促进文物事业和学科的发展，是摆在文物工作者面前的重要课题。为此，我省在全面总结三峡工程文物保护工作经验的基础上，锐意创新，克难奋进，结合我省南水北调工程文物保护工作实际情况，开展了一系列扎实有效的工作，为南水北调工程文物保护工作的顺利进行起到了积极的促进作用。

一　科学规划，抢先保护，扎实推进文物保护工作

科学规划是做好文物抢救保护的基本前提，只有在科学规划的基础上，有计划、有步骤地开展扎实有效的抢救保护工作，才能将工程建设对文物古迹的影响降低到最低限度，实现"既有利于工程建设，又有利于文物保护"的双赢目标。为此，我们一是摸清家底早做规划。2004年，根据国家有关部门的部署，我省专门成立了由多家单位的专家、学者组成的"南水北调中线工程丹江口水库淹没区湖北省文物保护规划组"，从全省有关市、区、县共计20余家单位，抽调60余名文物保护专业技术人员，深入到丹江口水库淹没区，对前期调查发现的文物点进行复查，对重点区域和地面民居类文物建筑等进行补充调查，对重点遗址进行勘探、试掘。在此基础上，根据国家有关规定测算文物保护经费，并分县（市、区）分别形成文物保护规划报告，经过反复讨论修改形成了《南水北调中线工程丹江口水库淹没区湖北省文物保护规划》，最后经长江水利委员会汇总为《南水北调中线一期工程可行性研究总报告·文物保护规划》，为南水北调工程文物保护工作的实施夯实了基础。

二是召开会议全面启动南水北调工程抢救性考古发掘工作。为调集全国的考古和文物保护力量，支援南水北调工程湖北丹江口库区文物抢救工作，高起点、高水平、高质量做好我省库区的文物保护工作，2006年9月我省在武汉召开了全国支援南水北调工程湖北丹江口库区考古工作会议。中国社会科学院考古研究所、吉林大学、西北大学、陕西省考古研究院等近30家具有考古发掘团体领队资质的科研单位参加了会议，部分单位会后签订了考古发掘协议书，全面启动了南水北调工程文物保护工作。

三是有计划、有步骤地开展抢救性考古发掘。针对南水北调工程文物保护工作时间紧、任务重的特点，结合我省库区水位消落后墓葬暴露、面临被盗掘危险的情况，经国家文物局批准，我省于2004年组织湖北省文物考古研究所等单位，抢先对南水北调工程淹没区内丹江口市熊家庄、郧县老幸福院墓群进行抢救性勘探、发掘工作，拉开了南水北调工程文物抢救保护的序幕。随后，结合我省申报和国务院南水北调工程建设委员会办公室（以下简称"国务院南水北调办"）、国家文物局审批情况，我省通过每年年初召开考古工作会议的形式安排部署本年度抢救性考古发掘工作，及时组织精兵强将，有计划有步骤地对第一批、第二批控制性文物保护项目和2008年度文物保护项目共58个项目进行了抢救性发掘，2009年还根据省委省政府的有关工作安排，全面启动了配套进行的引江济汉、兴隆水利枢纽工程文物保护工作。截止到目前，我省已累计完成440余万平方米的勘探面积和21.8万平方米的发掘面积，获得各时期珍贵历史文物2万余件（套），取得了一系列重要考古发现。

二　创新管理，严格要求，确保文物保护工作质量

为进一步规范南水北调工程文物保护工作，我省及时总结三峡工程文物保护工作经验，积极探索出一系列制度和管理机制，使南水北调工程文物抢救工作从一开始就步入正规化的管理轨道。

在行政管理方面，一是2006年与省移民局、省南水北调办公室联合制订并下发了《湖北省南水北调中线工程文物保护管理暂行办法》、《湖北省南水北调中线工程丹江口水库文物保护经费使用管理办法（试行）》等近10项办法、规定，并率先实行，收到了很好的效果；二是国务院南水北调办、国家文物局发布《南水北调东、中线一期工程文物保护管理办法》、《考古发掘项目检查验收办法》等办法后，我们及时对已经出台并试行2年的有关管理办法进行了修订和完善，并及时将国家有关法律、法规和上述有关管理规定编印成《湖北省南水北调工程文物保护资料汇编》，方便文物工作者及时、准确地了解有关法律、法规和各项规定；三是根据文物保护工作需要，为强化文物保护项目协调保障，分别确定地市级文物行政主管部门和县级文物行政主管部门为文物保护项目的协调方和协作方，负责协调地方相关部门的关系，协助项目承担单位解决经济作物补偿、地下出土文物和地面文物构件的暂存及安全管理，为文物保护项目工作服务，确保文物抢救保护工作顺利开展。

在业务管理方面，我们率先实行考古发掘项目监理制、重点项目现场评估制、发掘面积现场验收确认制、科研项目课题制以及每年召开一次年度考古发掘工作汇报会、评出一批优秀考古工地及优秀领队的"四制一会一评"制度。我们聘请中国文化遗产研究院对我省库区考古发掘项目实施全面监理，加强了对项目承担单位规范开展田野工作的监督；通过专家组的现场检查和评估，不仅杜绝了考古工地的布方地点不准等现象，而且能够及时纠正发掘目的不明的问题，同时通过项目评估帮助项目承担单位解决田野工作中存在的"疑难杂症"；通过发掘面积的现场验收确认，确保了文物保护工作的有效和高质完成；通过科研项目课题制，进一步突出了学术研究和课题意识；通过每年一会一评，及时总结工作经验和存在的不足，强化了各项目承担单位之间的业务交流和互相学习。这些管理措施的实行，进一步提高了我省考古发掘工作质量，其中郧县辽瓦店子遗址不仅被列入2007年全国十大考古新发现，还被国家文物局评为田野考古二等奖。

在安全管理方面，一是专门制订了《湖北省南水北调工程文物保护应急预案》，加强防范，层层签订安全责任制，严格履行考古发掘项目报批和进场确认制度，规定进入我省库区从事文物保护的人员，必须在当地实行身份备案制度，挂牌上岗，把安全工作落到实处。二是加强打击文物犯罪，确保文物安全。针对库区盗掘古墓犯罪行为时有发生的情况，省文物局每年会同公安部门对南水北调工程湖北库区文物保护工作进行安全检查，及时消除了安全隐患。还于2007年联合公安部门，破获5个跨省盗窃古墓、贩卖文物的团伙，对文物违法犯罪活动起到了很好的震慑作用。三是投入经费在十堰市、丹江口市、郧县分别设立了南水北调文物整理基地，进一步加强了对我省南水北调工程出土文物的管理，确保了出土文物得到安全有效的保管、整理、研究和暂存，收到很好的效果。

三　突出科研，狠抓课题，努力提升学术研究水平

我们始终认为，在科学、规范抢救保护好文物的同时，只有注重带着科研课题开展工作，才能使文物保护和考古学研究的深度与广度得到进一步提高，才能在工作中抓住机遇、破解难题、乘势而上，进而提升我们工作的总体水平，并推动有关学术热点、难点的研究。为此，我省一是牢固树立科研课题思想，以课题思想指引考古发掘，以课题思想促进考古发掘。在文物保护规划阶段，设立课题指南，在文物保护项目实施阶段，结合工作情况寻找课题方向，甚至做到在工作安排上，结合课题指南方向与项目承担单位的技术力量和研究重点安排项目；在具体项目开展过程中，针对项目特点和材料情况，在项目中抓课题，并取得一些成绩。

二是大规模文物保护工作全面开展并积累了大量考古信息和各类科研标本后，及时组织综合性课题研究。2007年8月开始，我们拟定了10余个学术研究的重点和难点课题方向，并正式启动了课题立项工作。在项目承担单位申报的基础上，省文物局于2008年5月召开科研课题立项评审会，评审确立了"丹江水库淹没区旧石器文化的编年与古环境"、"汉水中游地区的文明化进程"、"早期楚文化的考古学研究"等10余项科研课题，7位博士生导师领衔担任课题负责人，2位博士后和近20位博士、硕士及研究员参加课题研究。目前省文物局已与各课题承担单位和课题负责人签订了课题研究合同，目前一些课题研究已经有了初步成果。

  三是出版文物保护工作成果，及时公布最新考古材料，促进科研课题研究。2007年1月我省出版了南水北调东、中线工程第一本考古专题报告《郧县老幸福院墓地》；2007年12月出版了《湖北省南水北调工程重要考古发现 I 》；2009年9月出版了《汉丹集萃——南水北调工程湖北库区出土文物图集》，其中，《湖北省南水北调工程重要考古发现 I 》被评为2007年度全国十佳文博考古图书。2008年4月我们还在全国核心期刊《考古》杂志率先刊发南水北调文物保护专刊，刊发了郧县辽瓦店子遗址、郧县乔家院墓群、丹江口金陵墓群等4个项目的考古简报。此外，《郧县乔家院墓群》等考古发掘专题报告正在编写之中。

  南水北调工程文物保护工作已经走过了风雨兼程而又硕果累累的5年，展望明天，我们有理由相信，在各级领导的重视与关怀下，文物工作者一定能抓住南水北调工程文物保护这次机遇，变被动为主动，为建设社会主义先进文化，构建社会主义和谐社会作出应有的贡献。

湖北省文化厅副厅长、文物局局长 沈海宁

南水北调中线工程湖北

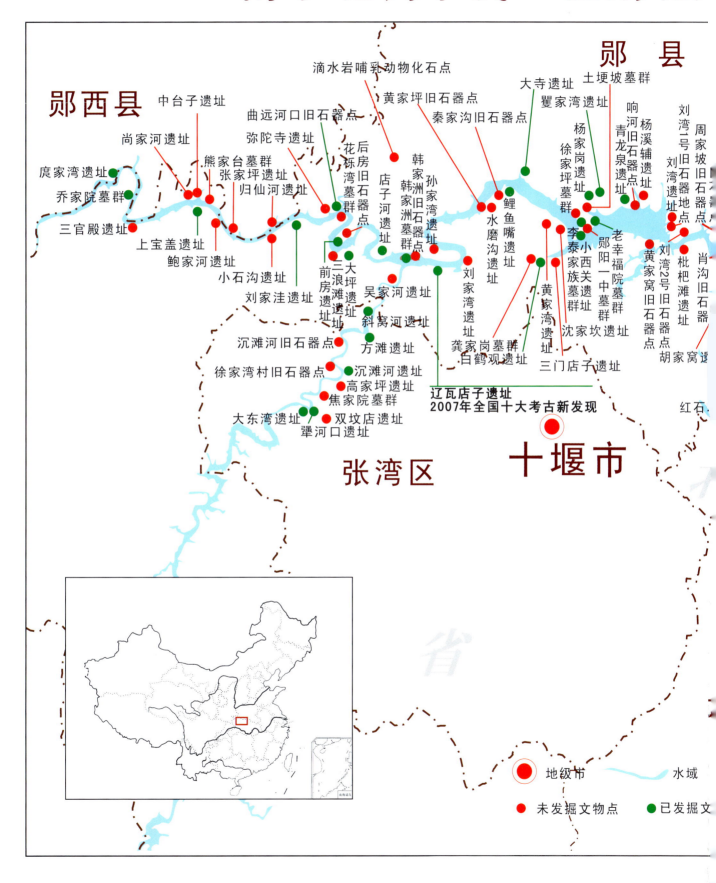

郧县

郧西县

张湾区

十堰市

滴水岩哺乳动物化石点
黄家坪旧石器点
大寺遗址
土埂坡墓群
秦家沟旧石器点
中台子遗址
曲远河口旧石器点
瞿家湾遗址
尚家河遗址
弥陀寺遗址
响河旧石器点
杨溪铺遗址
刘湾2号旧石器点
熊家台墓群
花栎湾墓群
后房旧石器点
杨家岗遗址
青龙泉遗址
杨家辅遗址
刘湾遗址地点
周家坡旧石器点
庹家湾遗址
张家坪遗址
韩家洲旧石器点
孙家湾遗址
徐家坪墓群
乔家院墓群
归仙河遗址
韩家洲墓群点
水磨沟遗址
鲤鱼嘴遗址
小西关遗址
黄家窝旧石器点
三官殿遗址
上宝盖遗址
店子河遗址
李泰家族墓群
郧阳一中墓群
老幸福院墓群
枇杷滩遗址
肖沟旧石器
鲍家河遗址
前房遗址
大坪遗址
吴家河遗址
刘家湾遗址
黄家湾遗址
沈家坎遗址
黄家窝旧石器点
胡家窝遗
小石沟遗址
三浪滩遗址
斜窝河遗址
龚家岗墓群
三门店子遗址
刘家洼遗址
沉滩河旧石器点
方滩遗址
白鹤观遗址
徐家湾村旧石器点
沉滩河遗址
辽瓦店子遗址
2007年全国十大考古新发现
红石
高家坪遗址
大东湾遗址
焦家院墓群
双坟店遗址
犟河口遗址

地级市　　　　水域
未发掘文物点　　已发掘文

丹江口库区文物点分布图

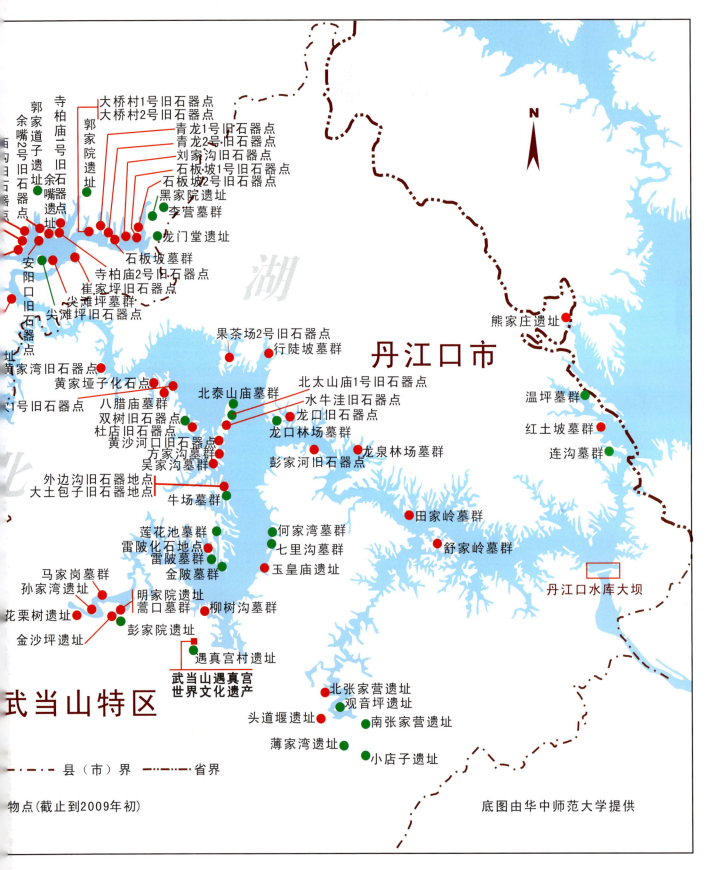

寺柏庙一号旧石器点
郭家道子遗址
余嘴2号旧石器点
郭家院遗址
大桥村1号旧石器点
大桥村2号旧石器点
青龙1号旧石器点
青龙2号旧石器点
刘家沟旧石器点
石板坡1号旧石器点
石板坡2号旧石器点
黑家院遗址
李营墓群
龙门堂遗址
余嘴器遗点
安阳口旧石器点
石板坡墓群
寺柏庙2号旧石器点
崔家坪旧石器点
尖滩坪墓群
尖滩坪旧石器点

湖

果茶场2号旧石器点
行陡坡墓群
丹江口市

熊家庄遗址

黄家湾旧石器点
黄家垭子化石点
1号旧石器点
八腊庙墓群
双树旧石器点
杜店旧石器点
黄沙河口旧石器点
方家沟墓群
吴家沟墓群
北泰山庙墓群
北太山庙1号旧石器点
水牛洼旧石器点
龙口旧石器点
龙口林场墓群
彭家河旧石器点
龙泉林场墓群

温坪墓群
红土坡墓群
连沟墓群

外边沟旧石器地点
大土包子旧石器地点
牛场墓群

田家岭墓群
舒家岭墓群

莲花池墓群
雷陂化石地点
雷陂墓群
金陂墓群

何家湾墓群
七里沟墓群
玉皇庙遗址

丹江口水库大坝

马家岗墓群
孙家湾遗址
花栗树遗址
金沙坪遗址
明家院遗址
嵩口墓群
彭家院遗址
柳树沟墓群

遇真宫村遗址

**武当山遇真宫
世界文化遗产**

武当山特区

北张家营遗址
观音坪遗址
头道堰遗址
南张家营遗址
薄家湾遗址
小店子遗址

- ·—·— 县（市）界　·—··— 省界

物点(截止到2009年初)　　　　　　　底图由华中师范大学提供

丹江口市

丹江口市地处汉江中上游，位于十堰市东南部，是汉江平原与秦巴山区的结合部，境内有丹江口水库。汉江自西北向东南横贯，将市区自然划分为江南、江北两个区域，长约105公里。全市国土面积3121平方公里。

根据南水北调工程文物保护总规划，丹江口市共涉及文物点57处：其中地下文物点49处，涉及普探面积161.3万平方米，重探面积1.5万平方米，发掘面积17万平方米；地面文物点10处，涉及建筑面积9183平方米。

丹江口红石坎Ⅰ旧石器点

◉ 中国科学院古脊椎动物与古人类研究所

发掘现场

　　红石坎Ⅰ旧石器点位于汉水右岸三级阶地，隶属于丹江口市均县镇八庙村一组。该遗址地理坐标为东经111°06′04″，北纬32°43′05″，海拔约150~155米。

　　红石坎Ⅰ旧石器点是一处旧石器时代早期的遗址，地质时代属于中更新世。1994年11月11日中国科学院古脊椎动物与古人类研究所南水北调考古队发现，2004年10月18日该队对遗址进行了复查。在1994年的调查中，发现了石制品38件，其中有石核、石片、砍砸器和手斧等。

　　2008年10月，根据湖北省文物局南水北调办公室的工作安排，中国科学院古脊椎动物与古人类研究所南水北调考古队对该地点进行抢救性发掘。发掘面积525平方米。考古队到达旧石器地点后，首先在遗

红石坎Ⅰ旧石器点地貌

址周围进行详细的调查，然后确定重点发掘区域A、B区，清理地表杂草后，按考古通用的布方方法，选择沿地形走势布设20个5米×5米的探方（其中A区8个、B区12个），从南向北、从西向东依次顺序编号。为进行综合研究，在C区布方1

发掘布方

个，通过发掘和清理剖面了解遗址的地层情况。在B、C区进行测年及环境信息样品的采集。

考古发掘发现石制品136件，其中包括备料、石核（单台面和双台面）、人工石块、石片（完整石片、裂片和断片）、碎片、石锤、砍砸器、刮削器（凸刃、凹刃和直刃）等。

在此次发掘中，有三件标本可以拼合，这些信息有助于了解遗址地层的原地埋藏与人类的行为活动。在旧石器时代考古中，文化遗物的拼合研究是旧石器遗址综合分析研究必不可少的工作。拼合研究可为确定遗址的性质提供科学依据。拼合文化遗物可以纠正研究人员在分类中的主观性。拼合可进一步了解远古人类制作石器和骨器的方法，复原史前人类加工生产工具的技术过程。拼合复原可分析工具生产、使用和废弃的过程，了解工具在加工和使用过程中形状的变化。

测量现场

采集测年样品现场

雨中抢救发掘现场

雨中记录工作现场

绘图现场

从拼合文化遗物的位置来分析遗址内部结构，判断遗址的沉积过程和扰动情况，有助于了解遗址地层的原地埋藏与人类的行为活动。从拼合文化遗物的研究中，能了解古人类活动区域：工具加工区、生活区（用火与就餐）和狩猎区等。总之，要从拼合工作中获取更多信息，深入研究旧石器遗址。值得注意的是在发掘的标本中，有三件标本可以拼合在一起。它们是由三件石制品组成，分别出土在T12和T13内。两件硅质灰岩石片和一件砍砸器组成了一个比较完整的砾石。HB-

拍摄现场

HB-DJ-HSKI-78标本出土情况

HB-DJ-HSKI-81、82标本出土情况

HB-DJ-HSKI-128标本出土情况

HB-DJ-HSKI-96标本出土情况

石砍砸器（HB-DJ-HSKI-82）

DJ-HSKⅠ-113以硅质灰岩为原料，是一件天然台面石片，长32、宽57、厚10毫米，重18克。HB-DJ-HSKⅠ-120是一件硅质灰岩的天然台面完整石片，长107、宽88、厚38毫米，重494克。石片背面全为自然面。这是从砾石剥落下来的第一片石片。HB-DJ-HSKⅠ-121

石砍砸器（HB-DJ-HSKI-78）

石核（HB-DJ-HSKI-53、77）（左一右）

石制品（HB-DJ-HSKI-113、120、121）的拼合

是以硅质灰岩石片为素材加工的凸刃砍砸器，标本长94、宽84、厚34毫米，重282克。在石片的一侧边向腹面加工成一凸刃。器身的背面保留自然面。从这三件标本的拼复，我们初步了解了一些砾石石器的加工过程。从三件石制品的分布距离来分析，当时的人类曾进行过简单的石器加工，同时也证明了石制品是原地埋藏。

石制品的原料主要是硅质灰岩和脉石英，另外还有石英岩、凝灰岩和砂岩等。在石器中，既有砾石加工的重型工具（如砍砸器等），也有石片加工的轻型工具（如刮削器等）。该地点石制品的打制技术主要使用锤击法，也有比较明显的砸击技术的证据。锤击交互方式打片和锤击交互加工石器是该地点石制品的特征。这些特征与我国汉水流域旧石器文化早期的文化特征很相似，属于南方砾石石器工业传统。红石坎I遗址所处的汉水流域地处我国南北气候交接地带，该地区是早期人类活动和南北旧石器文化交流的重要地区。红石坎I遗址的发掘为研究汉水流域的旧石器文化又提供了新的材料。

红石坎I遗址的发掘，表明该遗址地层清楚，文化遗物丰富。它的发现为研究我国旧石器文化提供了重要的研究信息，对研究汉水流域的古人类活动具有重要的意义。

撰稿：李超荣　李　锋　李　浩

丹江口杜店旧石器点

◎ 吉林大学边疆考古研究中心

　　杜店旧石器遗址东南距丹江口市约40公里，南至武当山约20公里，西距十堰市约50公里，位于汉江右岸的Ⅲ级冲积阶地前缘，海拔约150米。该遗址于1994年为中国科学院古脊椎动物与古人类研究所发现并于2004年进行了复查，确定了6000平方米的遗址分布面积。2008年春，为配合国家南水北调工程的文物保护工作，受湖北省文物局委托，吉林大学边疆考古研究中心对该遗址进行

全站仪测量现场（摄影：陈全家）

发掘工地鸟瞰（西南—东北 摄影：方启）

专家组检查工地（东北—西南 摄影：刘扬）

遗迹全景（南—北 摄影：方启）

了正式发掘。发掘采用探方法，使用全站仪布方及测绘，考虑到石器在不同高程地层中均有发现，故将本次发掘分为两个发掘区。I区发掘基点为东经111°06′32.2″，北纬32°41′1.5″，布5米×5米探方16个，方向为正南北，发掘面积400平方米；II区发掘基点为东经111°06′30.7″，北纬32°40′56.3″，布5米×5米的探方8个，方向326°，发掘面积200平方。

杜店遗址共分为上、下两个文化层，上文化层仅见于I区，下文化层仅见于II区。杜店遗址的I区和II区之间不存在直接的叠压关系，从地层地貌来看，II区上文化层被侵蚀，II区即相当于I区下文化层堆积，二者存在间接的年代先后关系。

I区的地层自上而下分为：1层，疏松的黑褐色近现代耕土层。2层，质地致密的灰黄色黏土组成的明清文化层，遍布全区，发现明清时期墓葬7座。3层，土质坚硬的棕红色至褐红色黏土构成的旧石器时代晚期文化层，遍布全区，出土较多石器和一处遗迹，因下部已不再出有石器而停止发掘。

II区的地层缺失上部文化层，被侵蚀，相当于I区文化层的下部，自上而下分为：1层，土质疏松的黑褐色近现代耕土层。2层，土质坚硬的棕黄色黏土构成的旧石器时代文化层，出有少量石器，局部缺失。3层，质地坚硬的棕红色古土壤层，局部缺失，未见石器。4层，土质坚硬的棕黄色黏土层，遍布全区，未见石器出土而停止发掘，未见底。

本次发掘和调查共获得石器209件，其中Ⅰ区发掘147件，采集4件。Ⅱ区发掘40件，采集18件。包括石核、石片、断块、砾石及一至三类工具（本文对于石器工具的分类沿袭陈全家先生，将工具分为三类：一类工具，天然砾石未经加工而直接使用者，即石锤、石砧；二类工具，未经进一步加工修理而直接使用的石片；三类工具，片状毛坯经过第二步加工或块状毛坯直接加工成工具者）。Ⅰ区发现的151件石器中（组成遗迹的石块未计入），共有13种石原料被利用，其中以角岩和石英岩为主，石英砂岩次之，

现场分析工作（北—南 摄影：贺存定）

还有少量砂岩、细晶岩、闪长岩、石英、花岗岩、泥岩等。Ⅱ区发现的58件石器中，共有10种原料被利用，其中石英岩最多，其次是角岩、石英砂岩和石英，还有少量花岗细晶斑岩、闪长岩、脉石英等。

Ⅰ区和Ⅱ区的石器原料均属于就地取材，打片方法表现出承继关系，主要是硬锤锤击法直接剥片，也有部分平面垂直砸击剥片。但Ⅰ区新出现了少量锐棱斜向砸击的石片和可能是碰砧法产生的大石片。就毛坯而言，Ⅱ区到Ⅰ区变化显著，块状毛坯减少，片状毛坯增加。Ⅱ区均为硬锤锤击加工修理，加工随意粗糙，控制程度较差，但Ⅰ区较Ⅱ区有明显

遗迹局部（南—北 摄影：方启）

改善。Ⅰ区石核中出现修理台面技术，楔形石核的出现表明了预制石核技术的萌芽。加工方式在两个区主要是向石片背面加工，但Ⅰ区还更多地存在向正面加工、错向加工、交互加工等，方式明显多样化。从石器类型组合来看，Ⅱ区到Ⅰ区的变化主要体现在：工具类型由少到多，主要组合仍为刮削器、砍砸器和尖状器，Ⅱ区手镐和手斧在Ⅰ区不见，但Ⅰ区新出现少量端刮器、雕刻器、钻具和第二类工具，工具专业化程度有所提高，砍砸器由盛而衰，尖状器越来越成为重要器形，刮削器种类也明显增多。总体上，Ⅱ区到Ⅰ区石器由大变小，工具由砾石重型向石片小型化发展。除此之外，我们还注意到了本遗址中手斧的发现，从手斧的形制和加工特点分析，都具有本地自身的特点，为手斧的深入研究提供了重要的实物资料。

在杜店遗址发现的编号为08DDⅠYJ1的遗迹，时代应该属于旧石器晚期的较早阶段。本遗迹位于Ⅰ区中部偏南，东西向呈长条形分布于T14和T10两个探方偏北部，并向西延伸至T6东隔梁内一小部分。从剖面看位于3层上。遗迹长约9.86、宽0.22～1.22米，系由石块叠压构成，错落有致，据最后统计，石块总计399件。石块多经打击，且遗迹中石块朝向不一致，特别是还有立着的石块。我们将分布的所有石块均进行了全

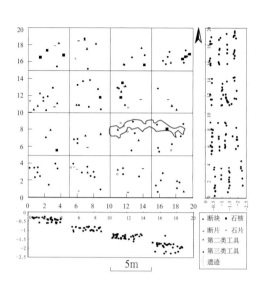

Ⅰ区石器平、剖面分布示意图

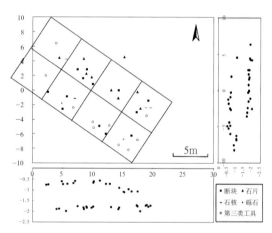

Ⅱ区石器平、剖面分布示意图

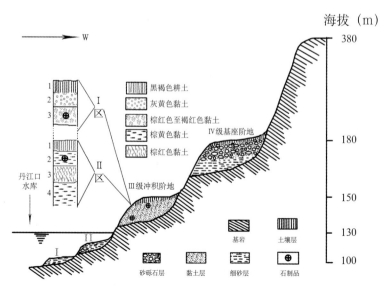

地层剖面示意图

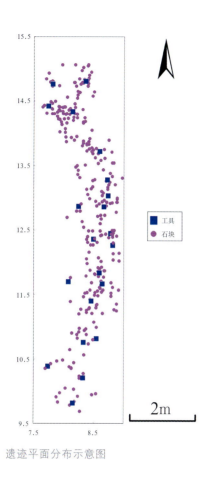

遗迹平面分布示意图

石刮削器（08DDⅠT7③：1）（摄影：陈全家）

石刮削器（08DDⅡT5②：1）（摄影：陈全家）

单直刃石刮削器（08DDⅠT12③：3）（摄影：陈全家）

石尖状器（08DDⅠT9③：2）（摄影：陈全家）

站仪测量，并绘制了平面分布图。遗迹的数据分析及周边情况显示：（1）遗迹中工具数量少、断块多，成品多被带走，副产品和废品被遗留，符合石器加工的规律；（2）遗迹中有17处叠压的现象，石块分布密集，说明了遗迹形成的长期性，是专门的活动场所；（3）遗迹石块的原料与地层出土石器原料基本相同，而地层出土的石器原料又与Ⅳ级阶地砂砾石层或河漫滩的石料大致相同，说明二者原料来源相同；（4）遗迹周边未发现便携性、流动性较强的石叶工具，遗迹周围也未发现生活面、动物骨骼、烧土、食物遗迹等营地生活应具备的因素，故排除营地可能；（5）遗迹呈不规则长弧形，石块直立或侧立，排列无规律，可以排除房址和路的可能；（6）未发现具有明显象征性或者仪式化的现象和器物，不具备原始崇拜或者祭祀的特征。从上述

石尖状器（08DDⅡT8②：5）（摄影：陈全家）

石砍砸器 (08DDⅡT4②：4) (摄影：陈全家)

石手镐 (08DDⅡC：13) (摄影：陈全家)

石片 (08DDⅡT7②：2) (摄影：陈全家)

石钻具 (08DDⅠYJ1：9) (摄影：陈全家)

石手斧 (08DDⅡC：1) (摄影：陈全家)

特征分析，进一步推测该遗迹是古人类长期加工石器的场所。

2008年春杜店旧石器遗址的发掘，不但是南水北调工程中文物保护工作的重要组成部分，而且为填补汉江流域的考古学文化提供了重要资料。遗址中出土的丰富的旧石器时代石制品与石器加工场为我们认识杜店遗址的文化面貌提供了最为直接的证据，而大量的遗物可与周边的不同遗址所出土文化遗物相互比较印证，从而为这一地区旧石器时代文化传承、社会形态、生业方式、环境变迁等方面研究提供重要的资料和佐证。

石手斧 (08DDⅡC：17) (摄影：陈全家)

撰稿：方 启 陈全家

丹江口黄家湾旧石器点

◎ 吉林大学边疆考古研究中心

　　黄家湾旧石器点是1994年冬被中国科学院古脊椎动物与古人类研究所野外考察队所发现。该遗址处于丹江口市均县镇舖嘴村黄家湾组，位于汉江右岸的Ⅲ级冲积阶地前缘，海拔152米左右。2008年春，为配合国家南水北调工程的文物保护工作，受湖北省文物局委托，吉林大学边疆考古研究中心对黄家湾旧石器遗址进行了正式的发掘，发掘区西南基点的经纬坐标为东经111°04′27.5″，北纬32°42′36.8″。

发掘现场（南—北）

　　黄家湾遗址的地层堆积分别为：1层，灰黑色耕土层，土质疏松，包含植物根茎、生活垃圾、贝壳类动物遗骸以及大量的料礓石等。厚0.15～0.2米。2层，红褐色黏土

遗址外景（东—西）

层。质地较疏松，该层内包含大量料礓石。出土有石器，年代属旧石器时代早期。厚0.6～0.7米。3层，青褐色黏土层。土质致密而坚硬，含少量料礓石，不包含石制品。向下发掘约0.3米后停止发掘。

遗址中出土的石器原料以石英岩为主，占总数的67%；其次为石英，约占11%；石英砂岩与角岩相当，均为总数的8.8%；泥质页岩为3.3%；细砂岩仅为1.1%。根据石制品特征及周围地貌的情况分析，石器原料应来源于附近的河漫滩。石制品类型多样，包括石核、砾石（备料）、断块和工具，其中石核包括锤击石核、砸击石核，其形制反映出当时的打片技术不甚成熟。发现的砾石多呈不规则椭球体状或不规则多面体状，岩性以石英岩为主，另外还有板岩、角岩和石英砂岩，整体的磨圆程度较好。考虑到遗址所在区域的地质特征以及砾石的岩性特征，这些砾石应并不是因简单的自然堆积作用而埋

遗物近景（南—北）

石手斧（08DHC：1）

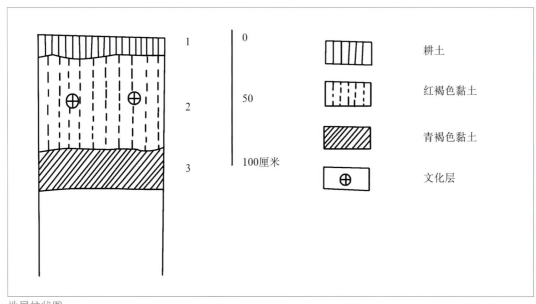

地层柱状图

石刮削器（08DHC：5）　　　　　　　　　石尖状器（08DHT3②：4）

石砍砸器（08DHT1②：5）　　　　　　　　石刮削器（08DHT4②：5）

石刮削器（08DHT1②：7）　　　　　　　　石砍砸器（08DHT4②：6）

藏于地层中的，而是由早期人类采集到此处的。遗址内出土大量断块，特别是出土大量的石英岩断块的原因主要与石料的岩性有关，石英岩硬度高，脆性强，所以在打制石器过程中，非常容易断裂或崩裂下来很多断块。笔者亲身的模拟打制实验表明，在打制和修理石器过程中，可以形成十几个甚至数十个断块。这些在打制石器过程中产生的断块大小不等，形状各异，有些呈块状，有些呈片状。个体相对较大的断块还可以进一步进行加工修理而成为工具。根据这类断块的特点，可以观察到有关技术特点的潜在信息。另外，这些断块的发现对石器的拼合研究也有重要的意义。工具中第三类工具占绝大多数，其类型包括刮削器、砍砸器、砍斫器、雕刻器、尖状器和手斧等。通过对这些石器的分析研究后发现，工具修理方法一般都采用锤击法修理。修理方式以单向加工为主，另有少量的双向、复向加工。

　　在将黄家湾旧石器遗址出土石器与邻近地区旧石器文化的比较分析中发现，其与鄂西北地区郧县人遗址的地质地貌特征和石制品特征都比较相近，而郧县人的时代为中更新世早期，距今80万年左右，属于旧石器时代早期阶段，再结合汉江流域阶地年代似应可将黄家湾旧石器遗址的年代也定为旧石器时代早期。另外，鄂西北地区旧石器时代文化发展的一个显著特点即体现在石器组合的变化上。晚更新世早期以前石器组合的整体面貌硕大粗壮，以各种大型砾石石器为主。砍砸器占有非常重要的地位，大尖状器和手斧也是石器组合中的重要成分。刮削器在很多遗址（地点）也都有发现，但均以重型的为多。轻型刮削器和其他小型工具在时代偏晚的遗址（地点）才有较多的发现。通过对黄家湾旧石器遗址的石制品进行分析可以看出，遗址中发现的石制品虽然包含有大型砾石石器，但轻型器物，特别是小型的刮削器也已占有很大比例，所以，黄家湾旧石器遗址的年代相对应该稍晚一些，大体上处于旧石器时代早期的偏晚阶段。

石砍斫器（08DHT7②：7）

石刮削器（08DHT5②：1）

石英岩断块（08DHT5②：5）

黄家湾旧石器遗址地处汉江右岸的Ⅲ级冲积阶地的前缘，时代是中更新世晚期，相当于旧石器时代早期的偏晚阶段。中更新世中期至晚更新世，由于秦岭主脉的升高，汉水中上游的大部分地区（陕西汉中地区和安康地区、鄂西北地区等)已成为典型的热带、亚热带森林、草原气候。这意味着中更新世汉水流域的大部分地区气候条件良好，有丰富的资源，可以满足旧石器时代早期狩猎采集人群基本的食物需求，为早期人类的生存和繁衍提供了必要的物质基础。而对于早期狩猎采集人群而言，必须依靠高度的流动性来保证生存的连续

石刮削器（08DHT8②：3）

石刮削器（08DHT6②：5）

石英岩断块（08DHT5②：8）

性。这也可能是这一地区尽管发现了大量的旧石器遗址或地点，但所出土的材料并不丰富的原因。有的学者推测这些地点大部分是古人类临时性的宿营地和活动场所。

通过对黄家湾旧石器遗址的生态环境和石制品进行分析，我们不难发现，这处遗址并不是一处石器加工场或是居址，而是远古人类的一处临时性的活动场所。当时的远古人类在这些河岸和丘陵临时加工生产工具、进行采集和狩猎活动。

遗址中所出土的旧石器时代石制品相对较为丰富，代表了旧石器时代早期的文化堆积，为我们认识黄家湾旧石器遗址的文化面貌提供了最为直接的证据。相比较于近年来在该遗址附近发掘的双树旧石器点和杜店旧石器点所出土的遗物，具有一些共性，如都发现有手斧、砍砸器等大型工具，同时黄家湾旧石器遗址的石制品又具备了一些独特的特点，如石料岩性的相对单纯、断块的大量出土等，这不仅给我们分析遗址性质提供了丰富的线索，也将给我们研究这一地区的旧石器时代文化的传承与影响带来新的思路。

撰稿：陈全家　方　启

摄影：方　启

丹江口黄沙河口旧石器点

◎ 河北省文物研究所

　　黄沙河口旧石器点位于丹江口市均县镇关门岩村2组，地处汉水右岸，汉水支流黄沙河左岸，地理坐标为东经111°08′37.5″，北纬32°38′4.4″，海拔159米，地处南水北调中线工程丹江口水库淹没线以下。该遗址是1994年冬由中国科学院古脊椎动物与古人类研究所南水北调旧石器调查队在丹江口库区做野外调查时发现的，并采集部分石制品；2004年，该队对丹江口库区进行复查，确认该遗址为丹江口库区重要的旧石器时代遗址，分布面积1万多平方米，编号2004.HB.D.D-28。

　　为配合南水北调工程丹江口水库建设，2008年12月至2009年2月，湖北省文物局委托河北省文物研究所对该遗址进行了为期两个多月的抢救性发掘，揭露面积500多平方米，获得一批重要资料。

　　本次发掘分两区进行，共发现石制品150件，其中I区出土85件，II区出土65件。

　　石制品的类型包括石核、石片、刮削器、断片、断块等五类，未见砍砸器、手镐、手斧等重型工具。其中，断块在各种类型中数量最多，占石制品总量的40.0%；其次为石片，占石制品总量的21.3%；另外，还有少量石核、断片、刮削器等。

II区近景（南→北）

石核共发现25件，按照打片方式可以分为锤击、砸击石核两类，其中砸击石核1件、锤击石核24件。锤击石核按照台面数量分为单台面、双台面石核两类。从石核特点分析，该遗址石核的利用率较低，打片以前对石核不进行任何修理加工，捡来砾石直接剥片。剥片成功率也非常低，砸击石核、双台面石核剥片较多，多剥下三个以上石片。造成这种状况的原因可能是由当地石料的特点决定的，遗址周围及遗址内发现的石料主要是石英岩、脉石英等，而当地的这两种石料因节理比较发育而易碎，难以控制。

石片共发现32件，均为锤击石片，未见典型的砸击石片。根据石片的台面与背面特点，可以分为Ⅰ1型14件、Ⅰ2型9件、Ⅰ3型1件、Ⅱ1型4件、Ⅱ2型2件、Ⅱ3型2件。

刮削器为本次发掘中发现的唯一工具类型，数量较少，仅7件。毛坯以石片为主，个体较小，长24～51毫米，平均长37.6毫米，重量为4.1～27.8克，平均重17.1克。从刃缘形状看，以凸刃为主，刃口比较薄锐，刃角在25°～68°之间，平均51°，以向背面加工为主。

该遗址石制品的特点如下：

石制品原料全部采用磨圆度很高的砾石，岩性以石英岩为主，占70.0%；脉石英为19.3%；其他类如硅质灰岩、火成岩、石英砂岩等使用很少。原料在当地的河滩都可以见到，为原地取材。

石制品以中小型为主，20～50毫米的小型石制品占71.3%，50～100毫米的中型石制

Ⅰ区西壁（东一西）

Ⅱ区北壁（南一北）

标本08DH·Ⅱ：45出土情况

石英岩石片（08DH·Ⅱ：35，第3层褐色沙质黏土）　石英岩石片（08DH·Ⅱ：37，第3层褐色沙质黏土）　石英岩刮削器（08DH·Ⅱ：38，第3层褐色沙质黏土）

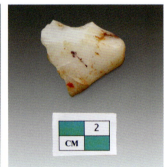

石英岩刮削器（08DH·Ⅱ：36，第3层褐色沙质黏土）　石英岩刮削器（08DH·Ⅰ：46，第3层褐色沙质黏土）　石英岩刮削器（08DH·Ⅰ：121，第3层褐色沙质黏土）

品占23.3%，无200毫米以上的石制品。

锤击法为主要的剥片方式，砸击法很少，打片之前不对石制品进行预制修理。

石器的修理采用锤击法，以向背面加工为主。

综合以上特点，可以初步判断该遗址为小石器工业类型，表现出强烈的中国北方以小石器为主的工业特色。

黄沙河口遗址地处Ⅲ级阶地顶部，文化遗物发现于褐色黏土中，位于红色黏土之上，结合周围该地区的地质、地貌特点，其时代应晚于中更新统。从发现的石制品特征来看，该遗址属于小石器传统，与该地区旧石器时代晚期的樟脑洞遗址等具有相似之处。依据该地区旧石器时代工业的发展特点来看，该遗址的时代应为旧石器时代晚期。

该遗址地处汉水上游，发现的旧石器时代晚期遗物丰富了该地区旧石器时代晚期文化类型，为研究该地区旧石器时代晚期文化提供实物资料。同时，该遗址所在的汉水流域，处于我国南北过渡地带，也是古人类文化交流的重要地区，在旧石器时代工业类型上，处于南北两大主工业的交汇地带。本遗址发现的石制品体现出强烈的以小石器为主的北方主工业特点，为研究该地区旧石器时代晚期的南北文化交流提供了重要材料。

撰稿：王法岗　成胜泉

摄影：王法岗

丹江口观音坪遗址

◎ 湖北省文物考古研究所

观音坪遗址隶属丹江口市丁家营镇陈家营村四组，位于浪河南岸的一级台地上，南部为山梁，北紧邻浪河，地势较平缓。浪河由遗址北侧自西向东流过。东北距汉十高速公路浪河大桥约450米，距丹江口市区约27公里。地理坐标为东经111°15′00″，北纬32°27′30″。海拔146～153米。

该遗址于1958年由中国科学院考古研究所调查发现并试掘。1994年11月中国社会科学院考古研究所进行了复查。2004年2月南水北调中线工程丹江口水库淹没区湖北省文物保护规划组复查。

2008年5月9日～9月25日，为了配合南水北调工程，湖北省文物考古研究所承担了观音坪遗址的抢救性发掘任务。本项目由黄

发掘现场（东南—西北）

遗址全景（西北—东南）

专家组检查工地（西北—东南）

土样浮选现场

文新领队，参加人员有李志明、罗忠武、张清云、杨磊、黄春国、周文银、曾桂莲、黄文娟、杨海莉、符德明等。

为了解遗址的分布范围与堆积情况，首先对观音坪遗址台地进行了大规模的勘探，勘探面积约3万平方米。根据勘探情况，在台地东南布5米×5米探方48个，发掘面积1300多平方米。共揭露出96个遗迹单位，其中窑2座，灰坑83个，灰沟3条，瓮棺8座。在发掘过程中对部分地层和灰坑进行了浮选采样，收集到小麦和稷等植物种子。其文化内涵主要包含屈家岭文化、东周及汉代遗存。

观音坪遗址地层堆积分6层，文化层厚0.2～1.6米。其堆积特点是：第1层为20世纪60年代库区涨水形成的淤沙层。第2层为60年代前的地表层。第3层为汉代淤积层。第4层为东周时期淤积层，大致呈北高南低的缓坡状，属于沙质土。出土遗物碎而少，多为褐色夹砂绳纹陶片。器形有鬲足、罐、豆柄等。第5层为屈家岭文化层，厚薄不均，台地中部较薄，边缘地带较厚，地层底部高低不平。地层中包含大量草木灰，出土遗物较丰富，多为褐色夹砂素面陶片，少量泥质陶。器形有扁形鼎足、红顶碗、花边器盖等。第6层为屈家岭时期淤积层，沙质土，较纯净，出土遗物极少。此层下即为黄色生土。

1. 屈家岭文化遗存

遗迹共62个。有窑、灰坑、灰沟及瓮棺。

Y2，位于T0701东北角。开口于第5层下，被H49打破，置于生土之上。窑平面呈"球拍"形。坐西南朝东北，方向45°。窑体通长2.32、宽0.4～1.26、残高0.32米。现残存窑膛、火道、窑门等。窑室内填灰褐土，上部夹大量红烧土块，窑膛下部较纯，窑门底部夹少量草木灰，土质较松软。出土遗物很少，器形有扁形鼎足、瓮口沿等陶器残片。

H43，位于T0407东北部。开口于第5层下。坑口平面呈长圆形。坑口长2.2、宽1.3米，坑深0.3米。弧壁，底较平。坑内填灰黑土，土质松散，含少量草木灰。出土少量夹砂褐陶和泥质灰陶片。器形有碗、钵、罐等。

W1，位于T0807南扩方中。开口于第4层下，打破第6层，被H17打破。坑口平面呈圆形。直径0.65、坑深0.3米。填土为较硬的灰黄土。坑底部置一陶瓮，瓮上扣一残盆形鼎作盖，两件相扣为葬具。瓮内未发现骨架。无随葬器物。

屈家岭文化出土较多的陶器碎片，能复原的器物较少。陶器以夹砂褐陶为主，还有少量的深灰陶、橙黄陶和灰陶；泥质陶以粗泥深灰陶为主，褐陶次之，还有少量灰陶、橙黄陶和褐胎黑皮陶。夹砂陶多手制，器壁凹凸不平，泥质陶多为轮制。器表以素面为主，按窝纹次之，还有少量凸棱纹、附加堆纹、镂孔、刻划纹、凹弦纹和篮纹。器形有陶鼎、罐、瓮、缸、擂钵、甑、盆、盘、圈足盘、碟、红顶碗、壶形器、杯、圈足杯、豆、镂孔圈足豆、纺轮、器盖、球及石斧、锛、铲、凿、锤、环等。

2.东周时期遗存

遗迹共37个。有灰坑、灰沟及瓮棺。

H58，位于T0707西南角，东南延伸至T0807北隔梁下，西北延伸至T0707东隔梁下。开口于第3层下，打破第4层。坑口平面呈长条形。坑口长2.28、宽0.7米，坑深0.3米。坑内填灰褐色黏土夹白斑，土质较软，含少量草木灰和红烧土粒。出土少量夹砂褐色碎陶片（这

屈家岭文化Y2火膛局部（东北—西南）

屈家岭文化Y2（东北—西南）

屈家岭文化H44（东—西）

东周H14（东—西）

屈家岭文化W6

屈家岭文化W1

种长条形坑在观音坪发现13座，此类坑在丹江口浪河流域的薄家湾、南张家营、小店子等遗址都有发现，坑内均未发现骨架和随葬品，有的学者认为这类坑与制陶手工业有关。观音坪遗址出土大量陶片，未发现一块骨骼，而且浪河流域土壤为碱性，属于冲积形成的沙质土，遇水后坑边无法保存，因此，笔者认为，这类长条形坑应是东周时期的平民墓葬）。

W2，位于T0507的东北部。坑口平面呈长圆形。坑口南北长1、东西宽0.5米，坑深0.38米。坑内填土为灰褐土。用陶罐、盂作为葬具。其埋葬方法是先将一件陶罐打成两半，两件盂打破成两片或三片，然后将罐铺于坑底，罐口相对，在骨架（无存）上铺盖五块陶盂破片。从埋葬的方式推测应为二次葬。

东周时期出土遗物较少，而且破碎。陶片以夹砂褐陶为主，橙黄陶次之，泥质褐陶较少。夹砂陶以手制为主，器口、颈部一般经修整，鬲足多包制。器表以细绳纹为主，素面和粗绳纹次之，还有少量附加堆纹、凸弦纹、凹弦纹。颈部绳纹有抹平的特点。器形有陶鬲、

屈家岭文化陶鼎（T0510⑤：1）　　　屈家岭文化陶鼎（T0503⑤：1）　　　屈家岭文化陶圈足杯（T0509⑤：1）

屈家岭文化石锛（T0603⑤：1）　　屈家岭文化石锛（T0607⑤：2）　　屈家岭文化石锛（H20：3）　　屈家岭文化石凿
（H41①：1）

瓮、罐、盆、盂，石斧，铜刀及铁舀等。

3.汉代遗存

该时期遗存很少，仅灰坑1座。

H16，位于T0705西南角，被T0706、T0806、T0805隔梁所压，开口于3层下。坑口平面呈不规则形。坑口东西长1.15、南北宽0.75米，坑深0.2米。坑弧壁平底。坑内填灰褐土，土质松软。出土遗物有陶盆、双耳罐等残片。

通过本次发掘情况显示，观音坪遗址面积虽然较大，出土遗物也较丰富，但地层堆积与遗迹较单一，文化内涵主要包含屈家岭文化和东周时期两个阶段。屈家岭文化遗物较丰富，陶器以盆形鼎、带流盆、花边器盖等较具特色，与郧县青龙泉三期器物特征相似。缸、红顶碗、斜腹杯、圈足杯、壶形

东周H61～H64（北—南）

屈家岭文化陶斜腹杯（T0307⑤：3）

屈家岭文化陶斜腹杯（T0607⑤：10）

屈家岭文化陶红顶碗（H24：9）

屈家岭文化陶器盖（T0803⑤：4）

屈家岭文化陶盆（H41②：1）

屈家岭文化陶红顶碗（H80：1）

屈家岭文化陶鼎（H76：1）

屈家岭文化陶器盖（H24：11）

屈家岭文化陶球（T0610⑤：5）

屈家岭文化陶瓮（W1：2）

屈家岭文化陶缸（H41②：8）

器、镂孔圈足豆及陶球等与江汉平原屈家岭文化相同。陶器特征主要是个体较大，鼎足形态丰富，器盖钮多花边，器物腹部安鸡冠状鋬。这些器物特征承袭了仰韶文化特征，同时既有江汉地区文化面貌又有中原文化因素，反映出汉水中上游文化面貌与周边文化在此消彼长、相互交融中发展，形成了一种混融性地域文化。这种区域文化对研究汉水流域屈家岭文化的发展提供了重要的原始材料。东周时期遗物较少，器表多饰细绳纹，颈部绳纹往往被抹平，鬲足多包制。这些特色既有浓郁的中原文化特征又有楚文化面貌，为研究东周时期这一区域的文化特征提供了重要的实物资料。

撰稿：黄文新　杨海莉　杨　磊
　　　　周文银　张清云
摄影：杨　力　黄文新　黄春国
修复：黄文娟　曾桂莲

东周W2绘图现场（西北—东南）

东周W2清理现场（西南—东北）

东周W2

东周W3

丹江口彭家院遗址2007~2008年的发掘

◎ 湖北省文物考古研究所

2008年发掘全景（东—西）

彭家院遗址隶属丹江口六里坪镇嵩口村一组（彭家湾）、二组和十三组。遗址东依老虎山，西南抵大桥河，东北距嵩口村三组（杨家粉场）约300米。遗址中心地理坐标为东经111°02′35.75″，北纬32°31′20.53″，海拔159~168米。

为了配合南水北调工程，湖北省文物考古研究所组织考古专业人员，对彭家院遗址进行了全面的考古调查、勘探、测量和部分发掘工作。遗址现存面积约1万平方米。2007年11月~2008年1月，我们选择在2006年发掘的西部布5米×5米的探方43个，发掘面积1075平方米；2008年4~6月，在遗址的东北部边缘地段布5米×5米的探方25个，发掘面积625平方米，两年共发掘面积1700平方米。发掘情况表明该遗址文化堆积较薄，

2007年布方全景（东—西）

且多呈块状分布，与2006年发掘略有区别的是，未发现周代地层，其他情况基本一致。总共可分为两层。

第1层为表土层。厚约0.05～0.2米。灰褐土，包含有少量新石器时代的碎陶片、石器和近现代瓷片。

第2层为新石器时代文化层。主要分布在遗址的中部和北部。一般厚约0～0.4米，局部位置厚达0.6米。黑灰土，包含有大量红烧土颗粒、草木灰以及砂石粒，在局部地方有的夹有黄土、石块。该层包含遗物丰富，出土有大量石家河时期的陶器口沿残片和石器，亦有少量屈家岭时期的陶器，但尚未发现屈家岭时期的文化层。陶器中可辨器形的有鼎、罐、盆、豆、圈足盘、碗、杯、纺轮、器座等，石器有斧、锛、铲、凿、研磨石等。此层下为原始地表（石子）层和生土层。

彭家院遗址虽然遭受自然和人为破坏严重，文化堆积较薄，但遗迹、遗物非常丰富，这次发掘面积1700平方米，揭露出不同

新石器H37（南—北）

新石器H38（东—西）

新石器H39（南—北）

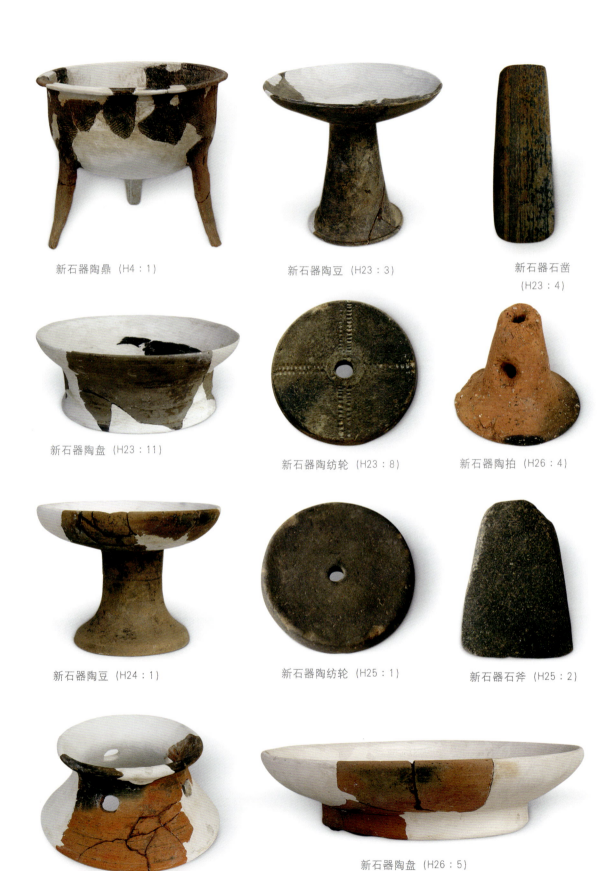

新石器陶鼎（H4：1）　　　　　　新石器陶豆（H23：3）　　　　　　新石器石凿
　　　　　　　　　　　　　　　　　　　　　　　　　　　　　　　（H23：4）

新石器陶盘（H23：11）　　　　新石器陶纺轮（H23：8）　　　　新石器陶拍（H26：4）

新石器陶豆（H24：1）　　　　新石器陶纺轮（H25：1）　　　　新石器石斧（H25：2）

新石器陶盘（H26：5）

新石器陶器座（H26：6）

新石器石刀 （H39：2）

新石器石铸
（H27：17）

新石器石凿
（H27：16）

新石器石凿
（H38：2）

新石器石璜 （H38：7）

新石器陶杯 （H31：15）

新石器红陶杯 （H33②：1）

新石器陶盆 （H27：41）

新石器陶钵 （H39：7）

新石器陶罐 （H39：1）

新石器陶盘 （H27：40）

新石器陶钵 （H38：9）

新石器陶杯 （H27：15）

新石器石斧（H42：1）

新石器陶钵（H40：4）

新石器石钻（T3213②：1）

新石器石凿（T2414②：2）

新石器石刀（T2711②：4）

新石器陶杯（T2708②：2）

新石器陶杯（T3013②：14）

时期的遗迹有灰坑20个、灰沟2条、窑址3座、瓮棺5座、砖室墓1座。

灰坑均属新石器时代，坑口多圆形或椭圆形，少数长方形或近方形，不规则形坑较少，坑口直径或边长0.9～4.8，坑深0.18～1.1米，最大的坑口长径8.6、短径5.8、深0.6～1.05米。坑壁大都比较规整，底部比较平坦，多是人工挖掘而成，坑内包含物都非常丰富，器类大体与地层中相同，只是复原器较地层多。

瓮棺5座都比较浅，唯W1开口于第2层之下，其余的4座开口于表土层之下，有些瓮棺上

新石器陶带流盆（T3107②：1）

新石器陶豆（T3302②：11）

新石器陶网坠（T2513②：1）

新石器陶鸟（T3013②：10）

新石器W2

周代陶鬲（T3309②：1）

部被破坏，不甚完整。瓮棺是由1件釜形瓮和1件圈足盘或钵扣合而成，瓮棺内骨头均腐朽无存，随葬品除W2出有1件小石锛外，其余均不见随葬品。

东汉砖室墓1座，破坏严重，仅残存墓室底部，随葬器物也仅残存1件陶盘口壶和1件残料器。

2008年6月以来，我们开展了对彭家院遗址资料的整理，修复了一大批陶器，以新石器时代为主，小件文物就有290余件，陶器可见器形有鼎、釜、罐、盆、豆、圈足盘、钵、

东汉M1墓室（西—东）

新石器W5

东汉陶壶（M1：3）

碗、杯、纺轮、器座，石器有斧、锛、铲、凿、刀、钻、研磨石等。从该遗址出土的主要器物来看，生产工具以石器为主，这些石器形体均较小，磨制精细，尚未发现大件石器；陶器多为素面，少数有花纹，纹饰以篮纹为主，有少量的凹弦纹、凸弦纹、方格纹、附加堆纹、刻划纹、锥刺纹和镂孔。陶质以褐陶为主，灰陶次之，黑陶、红陶等较少。陶纺轮无彩绘。陶器中的釜形鼎多接近河南临汝煤山遗址出土的此类鼎；盆形鼎足上有按窝纹的特征亦接近河南洛阳二里头遗址的盆形鼎；许多器物的形体特征多同于河南矬李遗址、陕西商南东龙山、郧县青龙泉等遗址所出的同类器，红陶杯、红陶鸟、宽扁形鼎足和舌形鼎足、高柄豆等器物的形态特征，多具有石家河文化晚期同类器的形体特征，因此大体时代应属石家河文化晚期，与季家湖、石板巷子的时代大体相当。

　　丹江口市东北与河南淅川接壤，是南北文化交汇地带，文化面貌非常复杂，该遗址的发掘整理将为石家河文化的分期、分布和类型研究增加一批新的考古资料；对研究石家河文化与相邻地区原始文化的关系都具有非常重要的意义。周代遗存较少，但出土了一些比较完整的陶鬲和较多的鬲口沿、鬲足、豆、盂、罐等，从陶鬲的形态特征来看，属早期楚文化范畴，这些实物资料亦对研究鄂西北地区楚文化的形成及发展演变，具有一定的考古学价值。

撰稿：韩楚文

丹江口玉皇庙遗址

◎ 荆州博物馆

玉皇庙遗址位于丹江口市土台乡戈余沟村（现为七里沟村），戈余沟（小河名）进入丹江口水库入口处。遗址中心地理坐标为东经111°09′59″，北纬32°33′50″，海拔132～137米，是一个南北走向的不规则椭圆形小岛，南北长约150～230米，东西宽约80～100米，经2008年5月底实测，其总面积为2.7万余平方米。

玉皇庙岛四面临水，因受丹江口库区蓄水影响，该岛每年约有7个月被水淹没，只有4月底到8月间才露出水面。岛的北部多为淤沙，中南部则长满杂草。岛上原有明代寺庙建筑玉皇庙，遗址因此而得名。玉皇庙毁于20世纪60年代初期，现岛上残留有玉皇庙庙址和大量的残砖断瓦。1998年，湖北省文物考古研究所在遗址的北部和西南部发掘

测绘现场（西南—东北）

遗址西北角部分遗迹分布图（东南—西北）

石家河文化陶纺轮（H7①：1）

西周陶高领折肩罐（H4①：2）

石家河文化石斧（H1①：2）

西周陶碗（H4①：3）

石家河文化石锛（H2①：2）

西汉陶圜底罐（M9：1）

西周F1（南—北）

汉晋时期墓葬7座；21世纪初期，丹江口市博物馆对遗址进行了一次全面调查，采集到大量的新石器时代文化遗物，主要有仰韶、屈家岭、石家河（乱石滩）文化遗存，并有大量西周遗存。现在，由于长期受库水冲刷和淹没，遗址已被严重损毁，早期调查厚2米左右的遗址文化堆积，现在大部分已不到1米，且多数遗迹已暴露在外。

受省文物局南水北调办公室委托，荆州博物馆实施对玉皇庙遗址的考古发掘工作。计划发掘面积1500平方米、钻探面积1000平方米。接到发掘任务后，我们于5月27日进场，5月28日即开始工作，后因库区水位上涨，遗址被全部淹没，发掘工作于8月19日被迫停止，第一次田野发掘结束。

本次工作从钻探开始。因为本次发掘重点是遗址，协议书中规定的钻探面积仅为1000平方米，按理只需选点钻探即可，但是，初步钻探之后均不理想，原来认为有文化层的地方仅0.2~0.3米即见生土，所以决定还是布钻探大方进行普探，以便选择文化堆积较厚和有墓葬的地方布方发掘。

钻探方以西南角为基点，采取正北向布方。全岛共布钻探大方9个（编号为ZT1~ZT9），其中，50米×50米8个，50米×25米1个，面积共21250平方米（全岛面积27170平方米）。本次钻探采取6米×6米布孔钻探，重点部位加梅花点或加密探孔。

部分探方发掘现场（北—南）

西汉M5发掘现场（东北—西南）

部分探孔显示，0~0.1米为灰黄泛黑土层，0.1~0.3米为灰黄土层，有明显的淤积情形。少数探方0.1~0.3米可见灰黑土夹红烧土点，最深探孔0~1.3米，之后为黄生土（较浅的生土为黑色）。一般而言，文化层均较薄，包含物主要有红烧土，仅一孔打出一块夹砂红陶片。

经钻探得知，全岛约1万平方米具有文化层或文化遗迹（主要为灰坑、墓葬、房址），其中可以明确的墓葬有32座。遗址文化层大多被库水冲刷而损毁严重，所知文化层一般较薄，但存有较多灰坑等遗迹。西部、北部和中部偏北均有较多土坑墓和少数砖室墓。目前发现最大的墓葬为M6，该墓为土坑竖穴带长墓道，墓葬总长18米，墓室长9.4、宽5、残深6.4

米。据初步钻探得知，墓深在5米以上的墓有5座。

遗址总基点定在中部偏北的玉皇庙旧址之上。

本次发掘采取全站仪测量、象限法布方，正北向，全坐标法。探方编号亦采用全坐标法，如TN1E1、TN1W1等，所布探方覆盖整个遗址，在岛上任何一点发掘，均可准确读出其所在的探方号。

本次田野工作已发掘5米×5米探方36个（面积900平方米），绝大多数探方位于第二象限即遗址中部偏西部位。发掘探方主要集中在遗址的西北部（因为那里的遗迹埋藏较浅，且部分遗迹已暴露在外），并且西北部在第一次发掘中有12个探方已经打开并发现有灰坑、墓葬、房址，后因8月下旬库水暴涨而未能挖完，水退后需继续发掘。

对于灰坑、房址等遗迹单位的填土或堆积，发掘时我们均进行了筛选并取浮选土样和样本。部分墓葬填土中的包含物亦取有样本。

田野发掘记录系统较传统方法而言有所变化，如灰坑记录，即把灰坑本身和坑内堆积分作不同单位分别记录，并且灰坑内堆积中的各层亦分别单独记录。

西汉M6墓坑（南—北）

西汉M6墓室（南—北）

遗址发掘深度平均为2.1米，最深6.4米（M6）；最浅0.3米（H1）。

目前发掘规模最大的墓葬为西汉M6，总长18米，残深6.4米；已发掘最高规格的墓是西汉M5，墓坑内有大量积炭；最长的墓为东汉M13，砖室墓，总长25米（含排水沟）。

由于玉皇庙为一孤岛，地势较低，遗址常年被库水浸泡，土壤含水量很大，下挖2米即出现塌方，一般深3米左右的小墓至少要扩方一级，深6米左右的墓葬则需扩方3～4级，还要经常排水，给发掘工作带来很大困难。

本次共发掘墓葬15座、灰坑11个、房址2座，出土完整或可复原器物150余件，还有较多地层和灰坑等遗迹中出土的陶片、器物残件。

典型遗迹单位有F1和H4～H9。H4～H9这6个灰坑之间均具有打破关系，对判断该遗址的堆积分期和文化年代具有重要意义。

具有打破关系的墓葬有两座，为M10和M6，M10打破M6。

灰坑主要有圆形和椭圆形两种，其时代主要为石家河文化和西周时期。房址为圆形，浅穴式。F1和F2均属西周时期。

墓葬大体可分为四个时期，即西汉早期、西汉中期、东汉中后期和西晋。

因为发掘尚未完成，所以地层和遗迹单位的出土物尚未整理，目前只是对15座墓葬所出陶器进行了修复。

西汉陶圜底罐（M6∶1）

墓葬所出陶器的器类主要有鼎、盒、壶、圜底罐、小罐、釜、甑、瓮、鍪、盂等。墓葬出土的铜器主要有鍪、釜、甑等容器和炊器，还有镜、带钩、马等小件器物。

西汉墓出土陶器组合主要为鼎、盒、壶、釜、甑和鼎、盒、壶、鍪、釜、甑两种，较早的墓葬则多出1～2件绳纹圜底罐。东汉墓仅1座(M13)，出陶盘口双耳罐、直领广肩罐以及四乳四螭铜镜各1件。西晋墓1座(M14)，出铜马等小件铜器。

西汉陶盒（M3∶2）

通过对玉皇庙遗址的初步勘探和发掘，我们对这个遗址形成了以下几点认识。

1.玉皇庙遗址文化堆积的时代主要为石家河文化时期和西周时期。

（1）属于石家河文化时期的遗存比较丰富，部分出土物所反映的文化风格和特点与乱石滩类型相近，如按窝纹柱状或锥状红陶鼎足、细绳纹灰褐陶罐形鼎、灰陶高柄杯等，其时代应属石家河文化晚期或更晚一些。玉皇庙与东北面的乱石滩、西北面的彭家院均相去不远且互为犄角，又处于同一文化地理范围之内，所以，其文化面貌具有一定的共性或相同性则是必然的。玉皇庙遗址中的新石器时代遗存除石家河文化遗存外，还时可见到屈家

西汉陶釜甑（M3∶6）

西汉M5器物组合

西汉陶鼎 (M5：1)

西汉陶瓮 (M5：9)

西汉铜镜 (M5：10)

西汉陶罐 (M5：8)

西汉陶壶 (M5：2)

西汉陶壶铺首 (M5：2)

西汉陶盒（M7：2）

西汉陶鍪（M8：5）

西汉陶壶（M7：7 ）

西汉陶鼎（M8：6）

西汉M10陶器组合

西汉陶鍪（M10：4）　　　　　　　　西汉小陶罐（M11：3、4）（左—右）

西汉陶釜甑（M15：1、2）　　　　　　　　西汉陶鼎（M15：3）

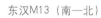 

东汉M13（南—北）　　　　　东汉M13墓室（南—北）

东汉陶罐 (M13:4)

东汉陶双耳罐 (M13:5)

西晋M14墓室（东—西）

西晋M14封门砖（西—东）

岭文化的遗物，但数量很少（以前的调查还发现过仰韶文化的遗物，但本次发掘没有见到）。

（2）遗址中西周时期的遗存也比较丰富，本次发掘已发现该时期的房址2座和一批灰坑。出土物中的疙瘩状足中绳纹灰陶分裆鬲、灰陶或灰褐陶小乳钉折肩矮领平底罐、灰陶有领折肩盂等乃是该地或临近区域常见的西周时期器类。此时期的灰坑中还常出石斧、石铲、石刀、石砧板等石质生产工具和生活用具。这些现象表明，玉皇庙是西周时期一处重要的居住和生活场所。是否与楚子熊绎受封于丹阳或楚国早期都城丹阳有

西晋铜马（M14：7）

关，很值得研究。玉皇庙西周遗存与稍北一点的郧县辽瓦店子商周遗存也应具有一定联系。

2. 玉皇庙岛是汉晋时期当地居民的一处重要墓地。

（1）发掘表明，岛上不见西周和东周时期的墓葬，说明两周时期这里是一处人们居住和生活的场地。至两汉和西晋时期，这里已经无人居住，变成了一处坟园墓地。

（2）岛上西汉、东汉和西晋三个历史时期均存在中心墓葬。所谓中心墓葬即为规模较大、规格较高的墓葬。该遗址中，西汉时期的中心墓葬有M5和M6，其中M5墓坑内有大量积炭；东汉时期的中心墓葬有M13和1998年发掘的98M2，98M2规模巨大，有中室、后室、左室和右室；西晋时期的中心墓葬有M14和98M4，M14不仅有超长的甬道，而且有宽大的墓室。这些中心墓葬的主人生前应为官秩二千石以上的刺史或郡守。

（3）一般而言，1～2个中心墓葬往往是一个家族墓地的代表。由此可见，玉皇庙岛乃是汉晋时期的多个家族墓地。

3. 98M4曾出土大批铭刻着"元康九年七月廿六日"的纪年砖，为该墓和同时期墓葬的年代判定提供了重要依据。中国历史上使用"元康"为年号的皇帝有两位，即西汉晚期的宣帝和西晋惠帝。西汉宣帝的"元康"年号仅使用了四年即告结束，显然与该墓纪年不符。所以，98M4之砖铭"元康"乃是西晋惠帝的年号。西晋惠帝元康九年即公元299年。

综上所述，玉皇庙应是一处比较重要的遗址。该遗址的发掘，对研究鄂西北地区新石器文化特别是石家河文化晚期的文化风格、文化类别以及文化拓展具有积极意义；对研究该地区西周时期的文化融合、发展与早期楚文化的形成、楚丹阳地望等学术问题具有积极意义。玉皇庙岛汉晋墓葬的发掘，对研究和判断鄂西地区汉晋时期墓葬的期别和年代也具有积极作用。

撰稿：张万高

摄影：张万高　肖友红　杨力

丹江口北泰山庙墓群2008～2009年的发掘

◉ 湖北省文物考古研究所

　　北泰山庙墓群位于丹江口市均县镇关门岩村六组，丹江口水库南岸，南2公里为均县镇，北与习家店镇蔡家渡果园场、东与龙口隔汉江相望，习（家店）六（里坪）公路从北向南穿过墓群西部。墓群由吉家院、秦家坡、龙脖子、傅家院、水牛坡、王家垭、三座山等多处小墓地组成，保存面积共计约200万平方米。1991年此墓群（原名为关门岩古墓群）被列为丹江口市重点文物保护单位。

　　北泰山庙墓群发现于20世纪70年代。1987年湖北省博物馆和郧阳地区博物馆（今十堰市博物馆）、丹江口市博物馆进行了第

战国JM76清理现场

一次考古发掘，共发掘战国、两汉时期的墓葬40余座。1998、1999年湖北省文物考古研究所又相继进行了二次发掘，共发掘墓葬41座和1座大型车马坑，均为战国时期楚墓。

2008年度考古发掘现场全景

战国JM59铜器出土情况

战国JM59冒雨抢塌方工作

战国JM59（西—东）

　　2005年4月、2008年1月，为配合南水北调工程，湖北省文物考古研究所分别对北泰山庙墓群王家垭墓地、水牛坡墓地、吉家院墓地北部和中部进行了多次发掘，共发掘墓葬235座，出土铜器、玉器、陶器等文物逾2000件。迄今发掘的墓葬年代主要集中在战国至西汉早期时段，绝大部分为楚墓。

　　2008～2009年，北泰山庙考古队又分别对吉家院墓地南坡及位于北泰山庙墓群中部的傅

战国FM102塌方后清理完成情况（西—东）

战国FM101、FM102关系（西—东）

战国FM101、FM102（西—东）

战国FM103、FM104（西—东）

家院墓地进行了两次发掘。现已完成吉家院墓地（J）全部及傅家院墓地（F）绝大部分墓葬的发掘工作。

第一次发掘，2008年9月至2009年1月。2006年北泰山庙考古队在吉家院南坡已经探明部分墓葬，故该次在对吉家院南坡进行勘探之时，主要是在2006年勘探的基础上进行核实和补充勘探，以更全面详细的了解吉家院南坡的墓葬分布情况。本次勘探共发现土坑墓33座。所发现的墓葬按吉家院墓地统一编号，从JM52开始，到JM84为止。完成吉家院南坡勘探工作后，我们转入对位于北泰山庙墓群中部的傅家院墓地进行勘探。勘探之时，我们先从北泰山庙墓群总基点布100米×100米勘探方5个，然后按正南北向2米一个探孔，由北向南、由西向东进行勘探。对顶部墓葬较密集的区域我们做了详细的勘探记录。根据勘探情况初步推断，傅家院墓葬数量超过110座。其后转入发掘工作。

因库区涨水，该次只完成了吉家院墓地南坡剩余33座墓葬中的JM52、JM56、JM62、JM64、JM67、JM68、JM69、JM77等8座墓葬和傅家院墓地开口在海拔152米以上墓葬的发

战国FM107、FM108（西—东）

战国FM120墓口及阶梯（西—东）

战国FM120墓底（南—北）

掘保护。吉家院墓地南坡因属于补充发掘，我们未另布探方。而对傅家院墓地我们采取了布方发掘，共布10米×10米探方43个，发掘墓葬94座，出土文物975件。墓地以中小型战国楚墓为主，墓葬分布密集。

第二次发掘，2009年6～10月。该次发掘主要是对吉家院南坡剩余的25座墓葬及傅家院海拔152米以下墓葬进行补充发掘。因以前发掘时已有详细的勘探资料，且两处墓地都已分别进行过航拍，故本次未采用布方发掘的方式，而是根据原勘探资料直接找出墓葬开口进行发掘。共发掘墓葬56座，其中包括吉家院南坡剩余墓葬25座和傅家院北部墓葬31座，均为战国楚墓。共出土铜器、陶器、玉器、料器等文物逾600件。

以上发掘的158座墓葬均为战国时代楚墓。我们按墓葬形制、大小、台阶的多少，大致可以将之分为五个等级。

第一等级："甲"字形墓葬，带四级台阶。以吉家院JM52为代表。JM52位于吉家院墓地中部向东的坡地上，墓葬开口西高东低，墓向75°。墓室开口平面呈不规则长方形，东壁略外弧，长8.96～9.1、西宽7.2、东宽7.08米，墓底长4.3、宽2.7米，墓深7.14米。墓道位于东壁正中，平面略近梯形，西部开口宽3.06、东部开口宽2.3、全长6.6米。第一、二级台阶台面较宽、略矮，宽度约0.3～0.47、高度约0.9～0.92米；第三、四级台阶台面较窄、略高，宽度0.28～0.42、高约0.98～1米。台阶台面及四壁都经仔细修整后再用泥浆抹平。该墓葬具已朽，根据残痕判断应为一棺一椁，椁室设有头箱、边箱。该墓被盗严重，仅残存1柄铜剑、1陶鼎及8粒料珠。

第二等级："甲"字形墓葬，带三级台阶。以吉家院JM59为代表。JM59位于吉家院墓地东南部坡地上，墓葬开口西高东低，墓向84°。墓葬开口已被破坏，根据发掘后台阶的高度判断，墓葬原始开口应在现今墓葬开口约0.7～1.1米高度处。墓室墓口长6.88、宽5.4米，墓道位于墓室东壁正中，口宽2.05、底宽1.6、残长4.1米。三级台阶宽度不等，第一级台阶宽0.35～0.4、残高0.42米；第二级台阶宽0.36～0.46、高1.1米；第三级台阶宽0.3～0.36、高1.1米。该墓葬具已朽，根据残痕判断应为一棺一椁，椁室设有头箱、边箱。该墓保存较好，头箱出土有铜鼎2、铜敦1、陶鼎2、陶壶2、陶豆11等，边厢出土有铜盘1、铜匜1、铜壶盖1、铜车軎2、铜盖弓帽13、陶鼎2，棺内出土玉玲1。

第三等级："甲"字形墓葬，带两级台阶。以傅家院FM102为代表。FM102位于北泰山庙墓群傅家院墓地西北部，墓向102°。因傅家院墓地地表曾经过农田改造，墓葬原始开口已被破坏，根据发掘的台阶高度判断，墓葬原始开口应在现开口上方约0.7～0.84米处。墓室开口长7.2、宽4.6米，底宽3、长5.4米，墓深5.3米。墓道位于墓葬东壁正中，平面形状近长方形，长8.3米，开口西宽1.9、东宽1.8、墓道底宽1.8米。第一级台阶台面宽0.18～0.44、高0.84～0.86米；第二级台阶台面宽0.1～0.2、距墓地表3.4米。墓葬南北两壁自开口向下各有两处对称向外的凹槽，并打破第一级台面。墓葬南壁有壁龛一个，壁龛距墓底高1.44米。该墓葬具已朽，根据残痕判断应为一棺一椁，椁室设有头箱、南北边箱。头箱出土陶罐1、陶豆4、陶鼎3、陶匜1、陶盘1、陶小口鼎1、陶壶2、陶敦2，南边箱出土铜合页4、铜戟1、铜戈2、铜矛1、铜铺首环2、铜镞，北边箱出土铜剑1、铜盖弓帽9、铜衔4、铜车軎4；棺内出土铜剑1、玉环4、玉璜1、骨饰2。南壁壁龛内置陶鬲1、陶盂1、陶豆2、陶罐1、骨制贝币2。

第四等级："甲"字形墓葬无台阶或长方形墓葬带一至二级台阶。以傅家院FM1、FM103、FM104、FM121和吉家院JM63等为代表。此类墓葬开口大小约4.5～5米，出少量铜剑、车軎、衔、盖弓帽等铜兵器、车马器以及鼎、敦、壶等仿铜陶礼器。

第五等级：长方形土坑竖穴墓，无其他结构。此类墓葬开口多在4米以下，出仿铜陶礼器，少量出铜剑、铜镞、铜戈等兵器。

除以上墓葬外，还有两座形制结构较特异的墓葬，分别为吉家院JM53和傅家院FM120，做单独讨论。

JM53，位于吉家院墓地南部，其南为JM55，东北为JM52。该墓为长方形墓坑带三级台阶，其中第一、二级台阶为四面分布，第三级台阶仅分布于东、西两面。墓葬开口长7.28、

战国铜鼎（JM48）局部

战国铜鼎（JM48）

战国铜鼎（JM48）局部

战国铜鼎（JM48）

战国铜鼎（JM48）

战国铜鼎（JM48）鼎盖

战国铜敦（JM48）

战国铜簋（JM48）

战国铜鼎（JM48）

战国铜敦（JM48）局部

战国铜壶（JM48）局部

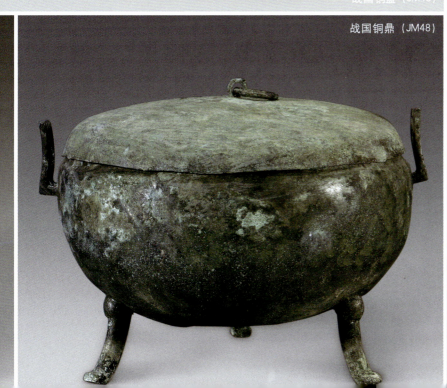

战国铜壶（JM48）局部

战国铜壶（JM48）

战国铜镳壶（JM48）

战国铜鐎壶（JM48）

战国铜鐎壶（JM48）局部

战国铜鐎壶（JM48）局部

战国铜鐎壶（JM48）局部

战国铜盆（JM48）

战国铜盘（JM7）

战国铜鐎壶（JM36）

战国铜鍪（SM109）

战国铜鐎壶（JM48）局部

战国铜戈（JM48）

战国铜戈（JM48）局部

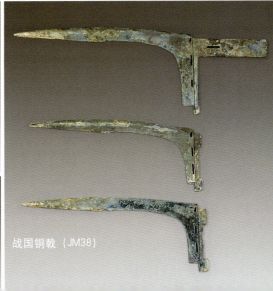

战国铜戟（JM38）

宽4.6米，墓底长4、宽1.44米，墓深4.98米。第一级台阶宽0.2~0.26、高1.1米；第二级台阶宽0.28~0.36、高1.45米；第三级台阶宽0.2、距墓底高1.66米。该墓葬具已朽，根据残痕判断应为一棺一椁，椁室设有头箱、边箱。出土有铜镞9、铜合页1、铜戟1、铜盖弓帽13、铜剑1、陶罍1、陶敦1、陶鼎2、玉璧1、玉环2、骨贝等遗物。该墓葬规模虽与JM55、JM59大致相当，但不带墓道，第三级台阶亦不完整，形制上略低于JM55、JM59；与FM102相比规模基本一致，虽不带墓道，但多一级台阶。据此，我们倾向于将之归入第三等级墓葬。

FM120，位于傅家院墓地东北部，开口长4.44~4.52、宽2.58~3.18米，墓底长3.72、宽1.74米，墓深4.28米。其南北两壁各有贴壁台阶，其中南壁设有台阶六级，北壁设有台阶七级。台阶宽度多约0.28~0.35米，高度多约0.38~0.45米。该墓葬具已朽，根据残痕判断应为一棺一椁，椁室设有头箱、边箱。出土铜铺首2、铜盖弓帽7、铜车軎2、陶鼎2、陶敦2、陶壶1、陶豆3、陶小口鼎1、玉环4、玉饰1、料珠5。该墓南与FM121比邻，两墓间距不到1米，墓向基本一致，规模略大于FM121，应与FM121为成对墓葬。据此，我们倾向

战国铜剑（WM11）　　　　　战国铜剑（JM59）　　　　　战国铜矛（JM48）

战国铜车軎、辖（JM48）　　　　　　　　　　战国铜车軎、辖（JM48）

　战国铜车构件（CH2）　　　　　战国铜车构件（CH2）　　　　　战国铜活页（JM48）

于将之归入第四等级墓葬。

　　吉家院、傅家院墓地南北相连，通过两墓地之间的过渡地带——吉家院南坡和傅家院墓地的发掘，我们初步观察到以下三个方面的新特点：

　　（1）吉家院墓地南坡区域内的墓葬等级总体来言，明显高于傅家院北部区域墓葬。这进一步证明了我们以往认为吉家院墓地是北泰山庙墓地一处较高等级墓地的认识。而傅家院则以中小型墓葬为主。两处墓地虽相连，但仍然应作为两个不同性质的墓地来区分。吉家院是一处以贵族为主的墓地，而傅家院则以平民墓葬为主体。

　　（2）吉家院南坡虽然出有JM52这样开口9米以上、带四级台阶的高等级墓葬（仅次于JM48），但大墓基本是零散分布，且越靠近傅家院小墓越多、分布越密集。而到了傅家院，小墓则相对更加密集。显示出由北向南从吉家院墓地中心区以JM48组墓葬为核心、几座大墓成一组、小墓分布四周这样井然有序的分布模式，向傅家院墓地密集型的墓葬分布模式的渐变。

　　（3）吉家院南坡出土了较多数量的小型墓葬，而傅家院北部则出土了一批较大规模的墓葬。将这两批墓葬分别放入各自的墓地来观察，我们发现，无论是吉家院还是傅家院，高等级的墓葬基本集中在北部到中部，越往南，墓葬规模越小，墓葬排列越密集。

撰稿：高旭旌

遗迹、全景摄影：高旭旌

器物摄影：余　乐

丹江口金陵墓群2008年的发掘

◎ 荆州博物馆

专家组检查工地发掘情况

　　金陵墓群位于丹江口市均县镇，丹江口水库由北向南再向西拐弯的三角处，现隶属于丹江口市水产局金陵养殖场。墓地东距丹江口市约35公里，北距均县镇约10公里，西南距武当山镇约8公里，地理位置为东经111°08′30″，北纬32°33′05″。墓地东、西、南三面临水，西部和南部为丹江口水库，东部有一南北走向的较高山岗，山岗以东约1公里为丹江口水库，山岗与墓地之间为河汊，宽约120米。紧邻墓地北部有一道南北走向的岗地，岗地最高海拔175米，岗地以北为岗、冲相间的低矮山区。

　　墓地位于丹江口水库北岸，海拔133～142米，枯水季节高出周围水面3～8米，北部地势较高，南部略低。整个墓地由若干个台地组成，台地之间为低洼地，坡度

墓群全景（北—南）

平缓。

为配合南水北调考古工作，2006年10月～2007年1月，荆州博物馆对金陵墓群进行了第一次发掘，已发掘墓葬79座：M1甲、M1乙、M2～M32、M50～M55、M58～M96，还有M33～M49、M56、M57共19座墓没有发掘。2008年5月21日～8月21日，荆州博物馆对金陵墓群进行了第二次发掘。这次考古工作任务是勘探面积22000平方米，发掘面积2000平方米。

由于金陵墓群面积大，地形复杂，为了方便今后的发掘工作，我们

四号台探方全景（西—东）

在2006年将整个墓地分为A、B两区：以墓地中部的两道东西向的自然冲沟为界，冲沟以南为A区，冲沟以北为B区，我们此次发掘和勘探工作均在A区进行。

为了对整个墓地进行控制，同时也为了统一今后的勘探和发掘工作，我们在2006年进行勘探的时候，用全站仪将整个A区布成了每个面积为50米×50米的钻探探方28个（编号ZT1～ZT28），总面积约7万平方米，每个探方的四角都有水泥桩标识。为了将整个A区勘探完，此次发掘我们又在A区的西部河岸边布了两个50米×30米的钻探探方（编号ZT29～ZT30）。勘探方法与2006年相同，采取普探与重点勘探相结合。

本次勘探工作于5月22日开始，6月1日结束，历时11天，完成了ZT4～ZT8、ZT13、ZT17、ZT18、ZT29、ZT30勘探方的勘探工作，勘探总面积22400平方米。

这次勘探共发现不同时期的墓葬69座。其中土坑墓65座，砖室墓4座。

勘探工作结束后6月2日即进入考古发掘工作阶段，并于8月19日完成此次考古发掘任务。

墓葬发掘采用探方法发掘，凡是勘探出墓葬的探方均布方发掘，每个发掘探方布方面积10米×10米，根据墓葬大小或在探方中的位置确定具体发掘面积，或10米×10米，或10米×5米，或5米×5米。共计发掘35个探方，发掘面积2363平方米。

2008年共勘探出不同时期的墓葬69座；发掘不同时期的墓葬54座，其中除M128为砖室墓外，余均为竖穴土坑墓。

东周M147（南—北）

东周陶敦（M147:5）

东周陶鼎（M147:6）

东周M147出土陶器

54座墓中有48座墓出土随葬器物，另有6座墓没有发现随葬器物（M57、M102、M107、M109、M150、M162）。48座墓共出土各类随葬品277件（套），以陶器为主，计207件，铜器31件，瓷器25件，玉器3件，铁器7件，石砚2件，银器2件。

发掘的54座墓除M57时代不明外，余下的53座墓，按其时代可分为东周墓、秦墓、西汉墓、明墓和清墓。

东周墓均位于A区西部5号台地上，共发掘3座：M131、M141、M147。东周墓墓口长2.6~4.1、宽1.64~2.22米，墓深

秦M101（西南—东北）　　　　　　　　　　西汉M56发掘情况（南—北）

2.4～3.2米。出土器物以陶器为主，有少量铜器。陶器有鼎、敦、壶、盘、匜、豆等，铜器为铜剑、铜戈，M141还出土1件铁臿。

　　M131，墓向178°。墓口长2.6、宽1.58～1.64米，墓底长2.55、宽1.43～1.54米，墓深1.34米。墓坑口大底小，四壁陡直不光滑，底部较平，有两条椁垫木凹槽。墓坑填土为灰、黄、褐色黏土相间的五花土，土质较湿润，黏性大，无包含物。人骨腐朽无存。出土随葬器物10件：陶鼎、敦、壶、豆各2件，陶匜、盘各1件，均放置于墓坑西侧。

　　M141，墓向196°。墓口长4.1、宽2.22～2.14米，墓底长3.95、宽2.05～1.93米，墓深3.7米。墓坑口大底小，四壁斜直不光滑，底部较平。在墓北端有一直径0.67、深1.5米的盗洞。墓坑填土为灰、黄、褐色花土，土质较疏松，无包含物。人骨已腐朽。葬具仅剩椁室痕迹，椁痕长3.43、宽1.5、高0.4米。出土随葬器物13件：陶鼎、敦、壶、豆各2件，陶匜、陶盘、铁臿、铜戈、铜剑各1件，铜戈放置于墓坑中部西侧，其余器物放置于墓坑南端。

　　M147，墓向8°。墓口长2.9、宽1.9～195米，墓底长2.66、宽1.74～1.8米，墓深0.69米。墓坑口大底小，四壁斜直不光滑，墓底较平，有两条椁垫木凹槽。墓坑填土为五花土，土质湿润、疏松，黏性大，包含有大量红烧土块。发现人骨一具，保存较差，头向北，颅骨破碎，面向不明，仰身直肢葬。坑底有椁垫木凹槽，未见棺椁腐烂痕迹。出土随葬器物9

西汉M56随葬器物（南—北）

西汉M56出土陶器

西汉陶钫（M56：10）

件：陶鼎、敦、壶各2件，陶匜、盘、豆各1件，均放置于墓坑西侧。

秦墓共发掘10座：M98、M100、M101、M104、M106、M112、M121、M123、M129、M164，主要位于A区3号台地上，4号台地上也有少量分布。秦墓墓口一般长2.5～3、宽1.67～2米，深2.4～3.12米。秦墓出土器物均为陶器，器类有绳纹圆底罐、釜、鍪、盂等。

M101，墓向19°。墓口长2.55、宽1.39米，墓底长2.3、宽1.23米，墓深1.77米。墓坑口大底小，四壁斜直不光滑，底部较平。墓坑填土为灰、黄、褐色花土，土质较黏，结构较紧密，未发现夯筑的痕迹。人骨腐朽。坑底局部见棺痕。随葬有陶绳纹圆底罐1件、陶鍪3件，均放置于墓底东侧。

M104，墓向23°。墓口长3、宽1.74～1.88米，墓底长2.76、宽1.62～1.72米，墓深2.16米。墓坑口大底小，四壁斜直不光滑，墓底较平。墓坑填土为灰、黄、褐

西汉陶盒（M56：3）

西汉陶瓮（M56：12）

西汉陶鼎（M56：9）

西汉M132发掘情况（东北—西南）

色花土，土质较疏松，无包含物。人骨和葬具已腐朽。出土随葬器物有陶绳纹圜底罐2件，陶鍪、陶瓮和陶盂各1件，均放置于墓坑南端西侧。

西汉墓共发掘13座：M56、M97、M99、M102、M103、M113、M114、M115、M116、M124、M125、M130、M132，分布在3、4号台地上，分布较密集，墓向一般为南北向，头向多为北向，少量为南向。这次共发现五组两墓相距较近、墓坑排列方向相同、大小基本一致并排埋葬的墓葬，其随葬器物基本相同，这类两两相并的墓葬，可能是夫妻异穴合葬墓。西汉墓一般长2.8～4.32、宽2～3米，墓深2.9～5.3米，最深达7.1米。西汉墓均为西汉前期的墓葬，出土器物以陶器为主，其次为铜器，少量铁器、玉器。陶器器类有鼎、盒、壶、钫、瓿、绳纹圜底罐、盂、鍪、镶壶、瓮、仓等，铜器有鼎、钫、环、勺、带

西汉M99（南—北）

西汉M132（南—北）

明M118（南—北）

钩、铜钱，铁器为鼎、鋬、削刀和矛，玉器有玉佩、玉璧。

M56，墓向15°。墓口长4.32、宽2.9～3米，墓底长4.12、宽2.78～2.9米，墓深5米。墓坑口大底微收，坑壁陡直不光滑，底微平。墓坑填土为灰、黄、褐色花土，较紧密，无包含物。人骨、葬具已腐，可见椁室腐烂痕迹，椁痕长3、宽1.96、高0.9米。出土随葬器物14件：铜鼎、铜钫各2件，陶鼎、盒、钫、瓮各2件，铜珠、铜勺各1件。

M99，墓向25°。墓口长4.2、宽2.9米，墓底长3.3、宽1.95米，墓深3.9米。墓坑口大底小，四壁斜直不光滑，底部较平。墓坑填土为灰、黄、褐色花土，土质较板结，无包含物。人骨已腐。葬具仅剩椁痕，椁痕长2.54、宽1.4、高0.97米。出土随葬器物8件：陶鼎、盒、壶各2件，陶瓮、鋬各1件。

M132，墓向13°。墓口长4.2、宽3.2米，墓底长3.98、宽2.85米，墓深6.3～6.8米。墓壁斜直，近底处垂直，坑壁有的地方凹凸不平。墓底东西两侧各有一条宽0.64、高0.2米的生土二层台。北壁有一早期盗洞至坑底，平面呈椭圆形，最大直径为1.47米，深0.66米。墓坑填土为灰白、黑、黄、灰褐色黏土组成，呈缓坡状自西向东回填堆积，无包含物。有椁室痕迹，长3.05、宽2.12、高1.52米。坑底有放置椁垫木的凹槽两条，口大底小，呈南北向并列，凹槽长3.67、宽0.27、深0.22米。人骨腐朽严重，坑底中部偏北残留三颗牙齿，中部有小段肢骨痕迹，灰白色，呈粉末状，面向不明，仰身直肢葬。出土随葬器物14件：铜钱、鼎、钫各1件，铁鼎、矛、削刀各1件，陶鼎、盒、壶盖、钫、仓、瓮各1件，陶盂2件，所有器物均放置于墓坑西侧，铜钱放置于牙齿东侧。

明清墓均为小型土坑墓，墓向一般为东北—西南向，墓口长一般为2.5米左右，宽0.8米左右，深约1～1.5米。

明墓共13座：M105、M108、M110、M111、M117～M120、M122、M128、M159、

东周陶壶 (M131：3)

M160、M163，主要分布在4号台地上，一般在墓主头向一端的坑壁上设有壁龛，壁龛内放置随葬器物。明墓出土器物有釉陶罐、瓷碗、铜钱、银簪、陶买地券。

M108，墓向54°。墓口长2.47、宽0.75～0.96米，墓底长2.52、宽0.86～0.97米，墓深1.03米。墓坑口大底小，四壁斜直不光滑，底部较平。在墓坑东壁中部设有一壁龛，壁龛高0.3、宽0.22、深0.2米。墓坑填土为灰、黄、褐色花土，土质较疏松，呈颗粒状，无包含物。人骨一具，保存较差，头向朝东，面向上，仰身直肢，性别为男性。葬具已腐，残留有棺钉，头骨处用板瓦枕头，推测为单棺，墓底有草木灰。出土随葬器物有铜钱、青花瓷碗、釉硬陶罐，铜钱放置于棺内，2件青花瓷碗和1件釉硬陶罐放置于壁龛内。

M118，墓向58°。墓口长2.23、宽0.71～0.82米，墓底长2.11、宽0.76～0.81米，墓深0.85米。墓坑口大底小，四壁斜直不光滑，底部较平。北壁距坑底0.21米处设有一壁龛，壁龛高0.3、宽0.22、深0.22米。墓坑填土为灰、黄、褐色花土，土质较疏松，无包含物。人骨一具，保存较差，头向朝北，仅剩部分下肢骨。葬具已腐朽，头骨处用板瓦枕头。随葬铜钱28枚，放置于棺内；硬陶罐1件、青花瓷碗2件，放置于壁龛内。

M128，墓向320°。墓坑长0.84、宽

东周M131出土陶器

秦M98出土陶器

秦M123出土陶器

秦M100出土陶器

秦陶釜（M123:1）

秦陶绳纹圜底罐（M129:5）

秦陶鍪（M129:2）

0.66～0.71米，墓深0.29米。墓坑口底同大，四壁陡直不光滑，底部较平。墓坑填土为灰、黄、褐色花土，土质较疏松，无包含物。砖棺。棺无底砖，四周为单块砖横侧立，上平铺两层砖做棺墙，三块整砖平铺做棺盖。在砖棺内北端有一陶买地券。砖规格不一，有长方形砖和楔形砖，长约34、宽约18厘米。部分砖的正面饰有绳纹。出土随葬器物有石砚、釉陶碟、铜钱（35枚）。不见人骨，可能属于迁葬或衣冠葬。

　　清墓14座：M107（合葬）、M109、M126、M127、M149～M153、M157、M158、M161、M162、M165，清墓出土器物主要为陶钵和铜钱。

　　M149，墓向107°。墓口长2.04、宽0.52～0.65米，墓底长1.88、宽0.42～0.49米，墓深0.48米。墓坑口大底小，四壁斜直不光滑，墓底较平。墓坑填土为灰、黄、褐色花土，土质较紧密，无包含物，坑底有草木灰。人骨保存较差，头朝东，仰身直肢，女性。葬具已腐，头枕陶钵。随葬铜钱1枚、陶钵1件。

　　M152，墓向103°。墓口长2.64、宽0.73～0.8米，墓底长2.31、宽0.51～0.59米，墓深0.69米。墓坑口大底小，四壁斜直不光滑，墓底较平。墓坑填土为灰、黄、褐色花土，土质较疏松，无包含物，坑底有草木灰。人骨保存较差，残存头骨、臂骨及腿骨。头朝东，仰身直肢，男性。葬具已腐，残存棺钉，头部用陶钵作枕，并用陶瓦垫实。随葬铜钱4枚、陶钵1件。

　　金陂墓群墓葬分布密集，有部分晚期墓葬打破早期墓葬，但同时期墓葬之间很少有打破关系。金陂墓群A区共有5个自然台地，发掘的墓葬均分布在这5个自然台地上，且每个台地上的墓葬时代不尽相同：1号台地上主要分布清代墓葬；2号台地上分布唐墓和清墓，以唐墓数量最多；3号台地上以秦墓和西汉墓为主，少量清代墓葬；4号台地上以西汉墓为主，其次为明墓，少量清代墓葬；5号台地上以东周墓葬为主，少量唐墓和清代墓葬，不见秦墓和西汉墓。发掘的东周墓以南北向为主，头向多朝北；秦墓均为南北向；西汉墓以南北向为主，少量东西向，头向除M103为南向外，余均为北向；唐墓方向多为西北—东南向，明清墓多为东北—西南向。东周墓出土随葬器物均有2套仿铜陶礼器鼎、敦、壶，为战国楚墓典型器物组合，根据随葬器物组合及形制特点，墓葬的年代为战国中、晚期。秦墓中出土随葬器物以陶绳纹圜底罐、盂、鍪为主，均为日常生活用器，普遍用陶鍪

西汉M113出土陶器

西汉石砚（M113：12）

西汉M114出土陶器

西汉陶壶（M114：1）

西汉陶盒（M114：4）

西汉陶鼎（M114：6）

西汉陶壶（M116：1）

西汉M130出土陶器

明M108出土釉陶罐和青花瓷碗

明青花瓷碗 (M117：1)

明青花瓷碗 (M118：3)

明M111出土釉陶罐和青瓷碗

明青花瓷碗 (M119：2)

清M149（西一东）

明石砚、釉陶碟 (M128：1、2)（左一右）

明M128（西南一东北）

明釉陶罐 (M117:3)

清陶钵 (M158:1)

随葬，应是金陂墓群秦墓的一大特点，几乎每座墓都用陶鍪随葬，一般一至二件，最多的有四件，这在其他地区是很少见的。西汉墓出土有鼎、盒、壶、钫、釜、甑、盂、仓、瓮等陶器和鼎、钫等铜器，根据随葬器物组合及形制特点，墓葬的年代应属西汉早期。唐代墓葬均为竖穴砖室（棺）墓，砖墙都是采取三顺一丁的方法错缝砌筑，多人字形铺地砖，随葬品以陶、瓷器为主，器类以碗较多，陶碗平底，盅形；瓷碗灰白胎，施半釉，饼形足，时代为唐代早期。明墓一般在头端坑壁上设有壁龛，壁龛内放置2件青花瓷碗和1件釉陶罐。清墓一般只随葬1件陶钵。

金陂墓地面积20余万平方米，上面分布有东周、秦、西汉、唐宋和明清时期的古墓葬，墓地面积之大，墓葬分布之密集，延续时间之长，是整个丹江口库区少有的。对它的科学发掘，必将为研究丹江流域战国、秦汉、唐宋和明清时期的社会发展状况等提供重要的资料，特别是战国、秦汉时期墓葬的发掘，为研究丹江流域战国晚期至秦汉时期的墓葬发展序列树立了可靠的年代标尺；大量唐代砖室墓的发掘，为研究唐代砖室墓的形制特点、建筑方法等提供了重要的实物资料。出土的大批明代青花瓷碗，为研究明代民窑青花瓷器的制作工艺提供了宝贵资料。

撰稿：刘德银

丹江口龙口林场墓群红庙嘴墓地

◎ 黑龙江省文物考古研究所

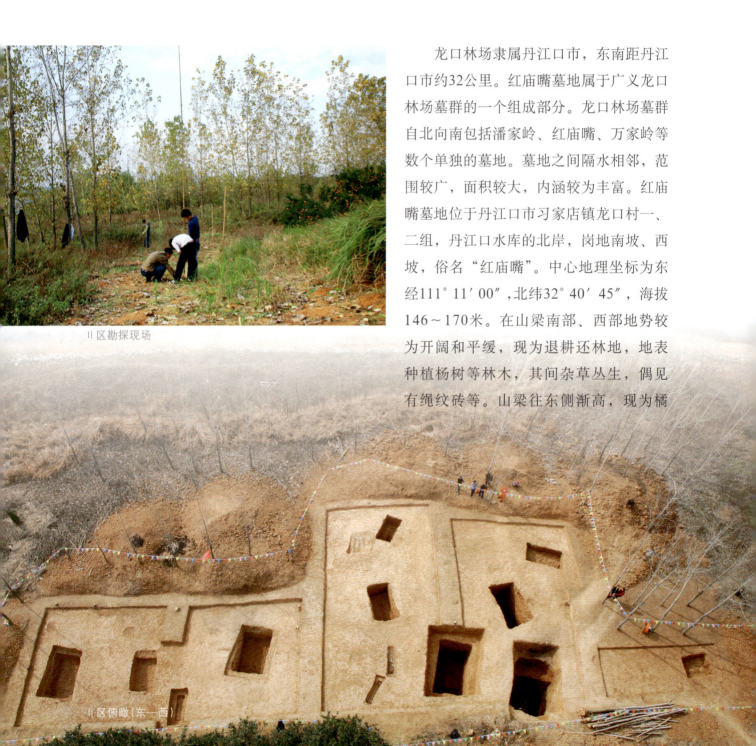

Ⅱ区勘探现场

龙口林场隶属丹江口市，东南距丹江口市约32公里。红庙嘴墓地属于广义龙口林场墓群的一个组成部分。龙口林场墓群自北向南包括潘家岭、红庙嘴、万家岭等数个单独的墓地。墓地之间隔水相邻，范围较广，面积较大，内涵较为丰富。红庙嘴墓地位于丹江口市习家店镇龙口村一、二组，丹江口水库的北岸，岗地南坡、西坡，俗名"红庙嘴"。中心地理坐标为东经111°11′00″，北纬32°40′45″，海拔146～170米。在山梁南部、西部地势较为开阔和平缓，现为退耕还林地，地表种植杨树等林木，其间杂草丛生，偶见有绳纹砖等。山梁往东侧渐高，现为橘

Ⅱ区俯瞰（东—西）

林，经勘探，发现有一些年代较晚（多为清代）墓葬。我们把此区编为Ⅰ区。与红庙嘴南端隔两道小山梁为万家沟前岭，在万家沟前岭北端尽头，分布有较为密集的早期墓葬遗存，我们将此区域编为Ⅱ区。Ⅱ区地势东高西低，墓葬随地势分布于坡地上，现地表为分布密集的杨树林。Ⅱ区中心地理坐标为东经111°10′55″，北纬32°40′24″，海拔148～172米。红庙嘴两区相距约1000米。

为配合南水北调中线工程建设，受湖北省文物局南水北调办公室委托，黑龙江省文物考古研究所承担了红庙嘴墓地的勘探与发掘工作。此次考古工作于2008年11月～2009年1月进行，完成勘探面积约1万平方米，发掘面积1200平方米。清理战国、汉代及清代墓葬共18座。

根据前期勘探情况，此次发掘，我们对遗迹分布的区域集中布方进行发掘。其中Ⅰ

战国晚期ⅡM6（东—西）

区布10米×10米探方3个，方向为南北向，发掘墓葬3座；Ⅱ区随地势走向布10米×10米探方9个，方向为340°，发掘墓葬15座。两区探方和墓葬各自独立编号，探方和遗迹前编号分别加区号Ⅰ、Ⅱ。

战国晚期ⅡM6出土陶器组合

战国晚期陶鬲（ⅡM5∶1）

战国晚期ⅡM8（西—东）

两区域内的地层堆积情况大致如下：山梁上的地层堆积较为简单，绝大部分区域表土之下即为生土。Ⅰ区表土层为黄褐色土，土质较黏，厚约0.15～0.3米；Ⅱ区表土层为灰褐色土，含少量砂砾，厚约0.2～0.3米，结构较紧密，土质较硬。两区墓葬墓口均开口于表土层之下。生土为红褐色或浅黄褐色黏土。

Ⅰ区发掘3座（编号ⅠM1～ⅠM3），均为汉墓，分土坑墓和砖室墓两种。墓葬遭严重破坏，形制不完整。人骨无存。有陶罐、瓿、钵、盘、灶及铜五铢钱等出土。

Ⅱ区发掘15座，其中战国晚期墓5座，西汉墓7座，清墓3座。

5座战国晚期墓（编号为ⅡM5、ⅡM6、ⅡM8、ⅡM10、ⅡM14），均为竖穴土坑墓。葬具多朽，仅有棺椁痕迹，人骨保存较差。墓口距地表0.15～0.25米，墓长2.4～3.5、深0.55～3.5米。墓内出土陶器基本组合有两种：一组为鬲、罐等；一组为鼎、敦、壶、豆、罐、盘、盆、匜等。后一种陶器组合墓有的还伴出有少量铜器，为剑、刀、戈、镞等兵器。陶器多置于墓主头顶棺椁之间，铜兵器多置于身体一侧。

ⅡM10，墓向100°。墓口距地表为0.15米。墓圹长2.44、宽1.28、深1.2～1.66米。墓

战国晚期ⅡM8出土陶器组合

战国晚期陶敦（IIM8：4）　　　　　战国晚期铜镞（IIM8：1）

壁陡直，墓底平整。墓内填土为黄褐色花土，含有较多的灰白色料礓石，土质较硬，未见夯打分层。ⅡM10葬具已完全朽烂，仅见木棺灰痕。棺置于墓底的中部，棺长1.68、宽0.43、残高0.12米。棺的东部接有头箱，长0.9、宽0.5、深0.12米。头箱内有一组陶器。土坑壁的下端局部挂有木灰，应是木椁灰痕。ⅡM10为一椁一棺制，葬具均腐朽，仅存灰痕。人骨保存较差，只存部分颅骨及牙齿数枚，还有上肢和下肢骨。上肢前臂骨放于腹部，下肢两胫

战国晚期ⅡM10（西—东）　　　　　战国晚期ⅡM14（西—东）

战国晚期 II M10出土陶器组合

骨并拢在一起。仰身直肢葬，头东脚西，为一25～30岁个体，性别不详。于墓室东侧头箱位置出土器物8件，均为陶器，已破碎。呈东西两排置放，其中陶鼎、敦、壶各2件，盘、匜各1件。

7座西汉墓（II M4、II M7、II M9、II M11、II M12、II M13、II M15），皆为斜直壁竖穴土坑墓，葬具已朽，多一椁一棺制。人骨保存较差。墓口距地表0.15～0.3米。墓长1.9～4.2、深0.7～5.1米。其中有3座墓的底部有积炭现象。随葬品多置于墓主头顶侧棺椁之间，或置于棺一侧。器物多以一组仿铜陶礼器为主，基本组合有鼎、壶、罐、罍、釜、甑等，同时还有不同类别、组合的铜器和铁器等出现，主要有鼎、盂、壶、鉴、鍪、釜、勺等器皿，此外还有铜镜、"五铢"、"半两"铜钱等。7座墓中有5座墓的器物组合较为相似，其中鼎、壶、罐、罍等多成对出现。

战国晚期 II M14
发掘现场

战国晚期ⅡM14出土陶器组合

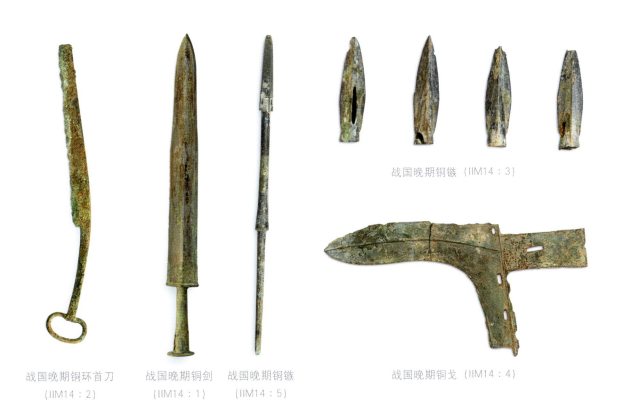

战国晚期铜镞（ⅡM14：3）

战国晚期铜环首刀　　战国晚期铜剑　　战国晚期铜镞　　　　战国晚期铜戈（ⅡM14：4）
（ⅡM14：2）　　　（ⅡM14：1）　　（ⅡM14：5）

　　ⅡM4，墓向255°。墓口距地表为0.15米。墓圹长3.6、宽2.4、深1.26～1.74米。墓壁较直，壁面光滑，墓底平整。墓内填土为黄褐色花土，含有较多的灰白色料礓石和少量的木炭灰，土质较硬，似经过夯打，但不见分层，未发现夯窝。葬具已朽烂，仅见椁、棺灰痕，

西汉 II M4（东—西）

为一椁一棺。椁呈"井"字长方形，距墓口约0.6~1.1米，长3.42、宽2.25、残高0.65米，椁木已朽，东侧椁顶部仍可见横盖的根根圆木痕迹，厚约0.1米。木棺位于椁内南部，平面呈长方形，灰痕长2.3、宽0.6米，底板灰厚0.04米。木棺表层可见红彩绘，棺内有人骨一具，骨架腐朽，从痕迹可辨为头西脚东，性别、年龄不详。椁内棺的西北侧、西侧置有一组陶器等器物共9件。其中陶鼎、壶各2件，陶罐1件，铜环1件，铁釜1件，玉璧1件，漆木器1件。器物集中出土于木棺西北侧位置，玉璧置于木棺西侧的头骨顶端位置；椁内靠西壁中部，有一红色圆形漆木器，已朽，仅见漆痕，无法提取，似为盘状器。

II M12，墓向265°。墓口距地表0.25米。墓圹东西长3.8、南北宽2.1、深5.1~5.3米。墓壁陡直光滑，加工迹象明显。墓底部平整。木椁已朽，仅存灰痕。墓底椁痕长3.6、宽1.8米。在距墓底约0.8米

西汉 II M4出土陶器组合

西汉玉璧（IIM4：3）

处，墓内沿四壁出
现覆盖的黑色木
炭，墓底部中央
位置积炭厚度在
0.35～0.4米。棺
椁痕迹不清晰。墓
底西部为头箱，仅
存板灰痕，宽约
1.1米。头箱内南
北向置有三列陶
器、铜器等器物。
墓内填土为黄褐色
花土，含有较多的
灰白色料礓石，夹
杂有木炭灰及人骨
残块，土质较硬。

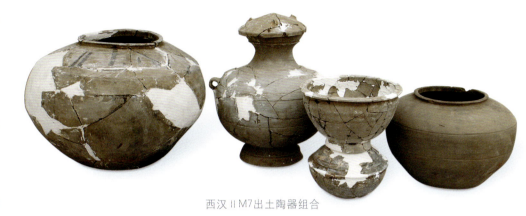

西汉ⅡM7出土陶器组合

西汉铜扁壶侧视（ⅡM7：4）

西汉铜扁壶正视（ⅡM7：4）

西汉四山纹铜镜（ⅡM7：9）

葬具已朽，木椁仅
存痕迹。木棺位置不详，人骨无存。墓内出土器物
共22件，其中陶鼎、壶、罍、罐各2件，陶釜甑1件
（套），铜鼎、盉、鉴、勺、带钩各1件，铁鍪、
剑各1件，铁锥4件，石璧1件，石砚1件（套）。
器物均出土于墓底西侧头箱位置，自西向东：第一
列有铁剑、陶罍、陶罐，第二列有铜鉴、陶鼎、陶
壶，第三列有陶釜甑、陶鼎、铁鍪、铜盉、铜勺、
铜鼎、石砚、石璧等。

　　3座清墓（编号ⅡM1～ⅡM3），皆为土坑竖穴
墓。有2座有木棺。随葬品少，出土有陶器和清代
铜钱。

　　通过勘探与发掘，我们了解到红庙嘴墓地主要
包含了早、晚两个时期的墓葬遗存。早期墓葬年代
集中于战国—汉时期，晚期为清代。

西汉铜盉（ⅡM7：6）

西汉ⅡM12（东—西）

西汉陶釜甑（ⅡM9：1）

西汉铜蒜头壶（ⅡM11：6）

西汉ⅡM12随葬器物出土情况（东—西）

西汉ⅡM11出土陶器组合

西汉ⅡM12随葬器物出土情况（东—西）

　　Ⅰ区墓葬较少，仅清理墓葬3座。根据墓葬结构和出土器物特征分析，三墓的年代大致为西汉晚期至东汉早期。Ⅱ区墓葬分布密集，此次主要发掘的是分布于海拔160～167米区域内的墓葬。清理的3座清墓，分布于墓地所在山坡的上部，年代属于清代晚期。发掘的12座战国—西汉墓，排列较有规律，无打破关系。

　　丹江口水库地处鄂豫交界的汉江沿岸，这里一直被学界认为是探索早期楚文化的重要区域。丹江口古称均州，文献记载，其地春秋属麇，鲁文公十一年（公元前616年）楚子伐麇，麇亡属楚。战国属韩及楚，称均陵。秦灭楚国置县武当，汉承秦制，隋唐改称均州。龙口林场墓群位于汉水北岸，其西南正对原均州城旧址所在。红庙嘴墓地Ⅱ区发掘的两组战国晚期墓葬出土的器物特征，属于典型的楚文化风格。

西汉ⅡM12出土陶器组合

西汉石砚（ⅡM12：2）

西汉铜勺（ⅡM12：4）

西汉陶壶（ⅡM12：10）

西汉ⅡM13随葬器物出土情况（东—西）

墓葬的形制结构和随葬器物的组合、特征与湖北其他地区的楚墓是相同的。但是两组墓葬的形制结构和器物组合、特征又有着明显的差异。通过和文献对比，结合已有的研究成果，两组墓葬似代表两个不同的社会阶层。

红庙嘴墓地Ⅱ区的西汉墓葬仍体现了显著的楚文化特征。墓葬形制与战国晚期的一致，多为竖穴土坑的一椁一棺制。随葬器物方面，陶器的特征和组合与战国晚期的楚墓风格相近，出土的铜鼎、铜盉等礼器亦保持了显著的楚文化风格。同时，这些墓又融入了一些秦文化的因素，如出土的蒜头形铜壶、扁腹铜壶、铁釜等。这反映了秦、汉一统的历史背景下所体

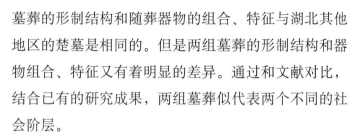

西汉ⅡM13墓底积炭情况 （北—南）

西汉铜鼎（ⅡM13：3）

西汉ⅡM13出土陶器组合

西汉铜盉（ⅡM13：4）

西汉 II M15出土陶器组合

西汉陶壶（IIM13：10）

西汉铜戟（IIM15：1）

清陶罐（IIM1：2）

现出的文化融合及文化内涵的多元化和复杂性。II区西汉墓的总体情况，无论是墓葬形制，还是随葬品特征，都与属于战国晚期的第二组墓葬有着相当的承继性。特别是大多保持了用鼎的传统。而且从墓葬的位置看，集中在台地的上部，有成排分布的趋势。有3座墓的土圹较深，棺椁间有较厚的积炭，等级较高。其中II M12、II M13相距较近，形制结构相同，虽无完整人骨出土，但随葬品的种类、组合颇相似。从随葬品的特点分析，推断这两座墓为夫妇同坟异穴的合葬墓。

　　龙口林场墓群是一处保存较好、包含有多个时代的遗存。此次对红庙嘴墓地的科学发掘，将为研究汉江、丹江流域战国秦汉时期以及清代的文化面貌、经济发展、社会历史等提供新的实物资料。

撰稿：赵永军　魏明江　俞　平

摄影：张春峰

丹江口龙口林场墓群万家沟岭墓地

◎ 宁波市考古研究所

战国M4（东—西）

龙口林场墓群位于丹江口市习家店镇东南约10公里的龙口村。龙口村西临丹江口水库，与均县老城肖川镇隔水相望，沿江北岸并列有多道山梁，山梁间谷峡水深、地貌多变，山坡上是退耕还林区域。

2008年，宁波市文物考古研究所承担了龙口林场墓群的考古勘探与发掘任务，项目勘探面积12万平方米，发掘面积2000平方米，领队李永宁，参加人员有许超、许卫红等约15人。9月初工作正式开始，经一个多月的努力，共完成勘探面积268301.8平方米，明确龙口林场墓群的实际范围远远超出以往调查情况，沿用时间长，文化内涵十分丰富。后经湖北省文物局南水北调办公室协

墓地全景

战国铜剑（M4：1）

调，原龙口林场墓群项目由宁波市文物考古研究所、黑龙江省文物考古研究所和成都文物考古研究所三家共同完成。

10～12月底，宁波队的工作主要在万家沟岭墓地开展，重点勘探面积5000平方米，发掘面积2900平方米，在发掘的两个区域内，共发现各类墓葬43处，包括战国墓葬21座、汉代墓葬5座、明代砖室墓2座、清代墓葬13座、近现代墓葬2座；另有时代不详的灰坑3座，近代扰沟9条。出土完整或可修复遗物共150余件，种类包括青铜器、铅器、陶器、铁器、石器、料器等，另有部分遗物无法提取或复原。

战国墓葬均为长方形竖穴土圹，无叠压打破关系，整体分布有一定规律。均为单人葬，头向西19座，头向南1座，头向东1座。葬具有一棺一椁和单棺两类。葬式多为仰身直肢，双手交叉于腹前。出土器物包括陶器和铜剑、铜匕首、料器等，尤以陶器为大宗。陶器组合可分为两类：一类为鼎、豆、壶、敦、盘、匜的陶礼器；一类为鬲、盂、豆、罐类的日用陶器。一部分墓室填土内见夯窝痕迹，许多墓壁上有修整壁面遗留下的工具痕迹。如M1，墓向79°，墓圹口长

战国M40（东—西）

战国陶豆（M22：10）

战国陶鬲（M34：5）

战国陶簋（M40：3）

战国陶壶（M22：2）

战国铜短剑（M22：1）

2.67～2.71、宽1.63～1.72米，底部长2.71、宽1.7米，距地表深0.85～1.46米。填土以红褐色黏土为主，未见夯打痕迹。葬具一棺一椁，椁长2.65、宽1.7、局部残高1米。盖板南北向，用木14根，宽0.15～0.21米不等，厚约0.13米。侧板宽0.16～0.24米，东西向底板厚约0.09～0.13米。椁下有垫木两根。椁室用木未经过精细加工，残存大量木皮朽迹。一棺位于椁室的南、西部，平面呈"井"字形，长2.35、宽0.89～1.06米。有头箱放置陶豆、陶敦、陶壶、陶鼎、陶盘、陶匜、双耳带盖罐、料珠等17件随葬品。墓主头向东，面向上，仰身直肢，年龄45～50岁。M4，墓向268°，东部被扰沟打破，墓圹长2.64、宽1.33、深0.39～1.03米。葬具一棺一椁。椁室长2.61、宽1.26～1.34米。椁挡板和侧板的搭接采用半榫卯结构。棺位于椁室偏北，残长0.7～1.14、宽0.91米。墓主骨骼残存上身，头向西，面向上，或为仰身直肢葬式。性别男，年龄30岁左右。随身陪葬铜剑1把，头箱内出土陶鼎2、敦2、壶2、豆3、盘1、匜1件等。

汉代墓葬为土圹竖穴式和砖室两种。汉代土圹墓属于宽椁式类型，两两成组并列穿插分布在战国晚期墓葬之间，无打破，椁室一侧置棺，其余范围内放置随葬器物。如M30与M31间距约1米，墓向、形状、结构、葬俗完全一致，应为一组有紧密关系的异穴合葬墓。M31墓向250°，残长3.22～3.41、残宽2.21～2.37、残深0.17～1.31米。墓壁变形，墓室呈口小底大的袋状，填土夯打，有直径约6～7厘米的夯窝。椁室长3.22～3.37、宽2.21～2.4米，棺长2.57～2.66、宽0.81～1米。椁室系以侧板为榫、挡板为卯搭构。椁板宽度不一，在0.1～0.2米之间。木棺髹红色，放置在椁室南侧，其余三面均有随葬品，包括壶、仓、罍、盒、鼎以及灶、甑、釜等。M30出土器物中陶器类有鼎、盒、壶、灶、釜、甑、罐，另有铜钱、铁剑、铜勺、铜泡等，在填土中还有残铁盂1件。其铁剑原应放置于棺上，复原长度为1.05米，细叶，长方形茎、铜格，局部残存剑鞘和粗疏麻布。铜洗底部范痕明显，有三个小乳突足，肩部附加铺兽衔环。漆器依痕分析似有漆案，案上置铜勺，红色漆皮色彩艳丽。砖室墓保存较差，形制、结构的信息不完整。

其中M38，墓向250°，可见墓圹残长3.2、宽1.8米，距地表深度约0.28～0.52米。西侧墓壁无存，其余三面均为素面砖错缝平砌，残高5～30厘米，砖铺地仅残余东部少部分，为一横一竖的"丁"字形铺法。出土器物包括鼎、仓、瓿、盆、壶等6件陶器。

清代墓葬的分布很有规律，在海拔156～160米之间比较密集，一般两两成组，男位南，女位北；一组墓葬前有沟或砖垒的"墓帘"，如M2与M6；墓圹梯形较多，单棺窄拃。基本无随葬品，存少量清代铜钱和银质饰品。有的铜钱背面有制造局省称，如"宁"、"原"等。

经过四个多月的田野工作，初步认为：

（1）龙口墓群时代上起战国，下至明清，历史沿革悠久，文化面貌丰富。墓群范围

汉M32（北—南）

汉M38出土陶器组合

汉铁剑（M30：10）

清异穴合葬墓M2、M6（西—东）

包括今龙口村沿江的八道山梁，后由成都文物考古研究所、黑龙江省文物考古研究所等单位发掘的两墓地与宁波市考古研究所发掘区应同属一个文化整体。仅就宁波市文物考古研究所发掘的万家沟岭墓地而言，战国—汉代的墓葬有由南向北逐次分布的规律。

（2）万家沟岭墓地战国墓葬属于楚文化系列。墓葬分布有一定的规律，墓葬之间无打破关系，说明当时有类似周礼记载的墓区管理制度，是一处以楚文化为主的族墓地。墓主身份应有两类：使用陶礼器组合的应为"士"一级；使用日用陶器的应为平民阶层。按照随葬品的数量多寡，其经济地位有一定的差别。

战国墓葬以西向为主，在东高西低海拔差距较大的地形情况下，应具有深层次的、涉及死者灵魂返祖的寓意。据研究，楚人尚东，生者以东向坐为尊，死者以东向葬为俗，但此处显然有别，这一现象应与丹江地区地处多种文化交接地带、人员族属来源复杂等背景有关。

汉代墓葬中尤其是宽敞式墓葬，楚文化风格浓郁，墓主身份最高可到"大夫"级别。M30出土铁剑，从长度、造型上与战国晚期楚地铁剑类似，表现了该墓地文化发展的连续性和冷兵器时代当地冶铁业高度发达的水平。

综合观察该墓地的布局，可知其有较强的文化延续性。虽然此次发掘未见可明确断代依

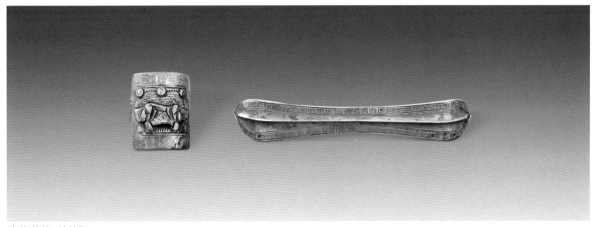

清代首饰（M10）

据的秦时代遗物，但不能排除一部分战国晚期楚墓的年代下限可至秦。

（3）经过体质人类学鉴定，万家沟岭墓地古人骨标本中颅骨颅形多为卵圆型，铲形门齿出现率较高。清代墓葬中出土男、女两性比例相差较大，男性死亡率明显高于女性。比较而言，战国时期居民死亡年龄多在中年期（36～55岁），而清代居民多死于壮年期（24～35岁）。该地区古代居民牙齿疾病多为龋齿、牙周病及氟斑牙。清代居民中龋齿病发病率高于战国时期。

龙口墓群几经调查，都被认定是一处汉至明清时期的墓地，本次万家沟岭墓地的发掘提前了此项目的时代上限。由于其地理位置与北泰山庙墓群隔江相望，而后者是目前发现的丹江南岸楚文化高等级墓葬区，两处综合考量，不仅极大提升了万家沟岭墓地的地位和重要性，扩展了均州地区战国楚墓的分布点，也彰显了全面开展丹江两岸楚文化研究的必要性。同时，万家沟岭战国楚墓分布高度为海拔158～160米，此高度发现战国墓葬，不同于2006年丹江南岸已发掘的资料，这对今后寻找战国墓葬有着重要的参考意义。而将龙口墓群三处墓地进行整体研究，才能全面、系统地揭示丹江北岸战国楚墓至两汉文化的分布范围和文化内涵，全面揭示当地古文化面貌。

撰稿：李永宁　许卫红

摄影：徐　超

丹江口龙口林场墓群潘家岭墓地

◉ 成都文物考古研究所

墓葬分布全景

潘家岭墓地位于丹江口市习家店镇龙口村二组，丹江口水库的北岸，岗地南坡，俗名"潘家岭"、"潘家梁子"。地理坐标为东经111°11′00″，北纬32°40′45″，海拔146～170米。山梁三面环水，自东向西地势由高渐低伸入丹江口水库。西部较为开阔和平缓，现为退耕还林地，其中近一半的区域种植橘林。地表之上随处可见绳纹砖。墓葬由低向高分布于这一山梁上。

为切实做好湖北省南水北调中线工程文物保护工作，受湖北省文物局南水北调办公室委托，成都文物考古研究所承担了龙口林场墓群潘家岭墓地的考古发掘工作，从2008年9月2日至2009年1月7日，勘探面积8万平方米，发掘面积3000平方米，共发掘50座墓葬。

北泰山庙墓群

潘家岭墓地

墓地地理位置（东南—西北）

潘家岭墓地的地层堆积情况较为简单，绝大部分区域表土之下即为生土。表土层为灰褐色黏土，厚约0.2～0.3米，结构较疏松，墓葬基本都开口于该层之下。生土层为红褐色或浅黄褐色黏土，结构较为紧密。

潘家岭墓地50座墓葬以汉墓为主，其中西汉30座，王莽时期7座，东汉11座，另有2座清墓。形制主要可分为土坑竖穴木椁墓、土坑竖穴砖底墓、土坑竖穴砖椁墓和土坑竖穴砖室墓。这几种形制的墓葬根据墓道的有、无又都可分为两种。从墓葬的规模来看，木椁墓明显有大小之分，而砖椁墓和砖室墓则无明显区别。共出土560余件随葬器物，其中清代仅出土了"康熙通宝"、"乾隆通宝"、"道光通宝"等6枚铜钱、1件铜纽扣和一些棺钉。汉代遗物按质地可分为：铜、铁、陶、玉、石等，其中铜器有鼎、甗、鉴、盆、镜、车马器以及"五铢"、"大泉五十"、"大布黄千"钱币等；铁器主要是剑和削刀等；陶器种类有鼎、壶、罐、盆、甑、钵、仓、灶、博山炉、人物俑、动物模型等。陶器中除了一般常见的灰陶外，另还出有一批数量的釉陶器，均为绿釉。其他质地的遗物还有玉玲、水晶石、煤晶饰、石串珠等。

西汉墓葬多为土坑竖穴木椁墓，仅1座土坑竖穴砖椁墓。土坑竖穴木椁墓中有墓道

领导、专家现场检查、指导发掘工作

领导、专家现场检查、指导发掘工作

对出土人骨进行现场鉴定工作

出土画像砖套箱的提取

西汉M10清理后状况（西一东）

西汉M46清理后状况（西一东）

的12座，无墓道的17座，均可分为大小两种，大型墓随葬器物较丰富，小型墓多无随葬器物。无墓道大型墓开口长3.5～3.9、宽3～3.2米，小型墓开口长2.7～3.1、宽1.8～2.1米。有墓道的大型墓开口长4.2～5.5、宽2.7～3.2米，小型墓开口长2.4～3.2、宽1.6～2.2米。

M23，墓向155°，长方形土坑竖穴木椁墓。墓口不很规整，长约3.82～3.87、宽约3.2～3.3米。墓口距地表深约0.28米，墓室残深约2.46～3.28米。直壁，平底。墓内填土为夹杂有黄褐及红褐色的五花土。葬具已朽，仅存有棺椁痕迹。据痕迹，椁长约2.48、宽约2.3、残高约0.54米。在椁内东部有一具木棺的板灰痕，长约1.92、残宽约0.64米。人骨腐朽严重，仅存头骨和部分肢骨，葬式为仰身直肢葬。棺的西侧另葬有一具人骨，放置较乱，应为二次葬。随葬器物共21件，大部分放置于椁室的西部，铁剑、钱币等置于棺内。陶器12件（组），有盆1、壶2、罐5、灶1、鼎1、瓮2；铁器5件，剑1、削4；铜器有鉴1、车马器构件若干、五铢钱若干。

M31，墓向347°，长方形土坑竖穴木椁墓。墓口规整，长约2.88、宽约1.6米。墓口距地表深约0.2米，墓室残深约0.94～1.32米。直壁，平底。墓内填土为夹杂有黄褐及红褐色的五花土。葬具已朽，仅存有棺椁痕迹。据痕迹，椁长约2.53、宽约1.34、残高约0.3米。在椁内有一具木棺的板灰痕，长约1.8、残宽约0.5米。人骨保存

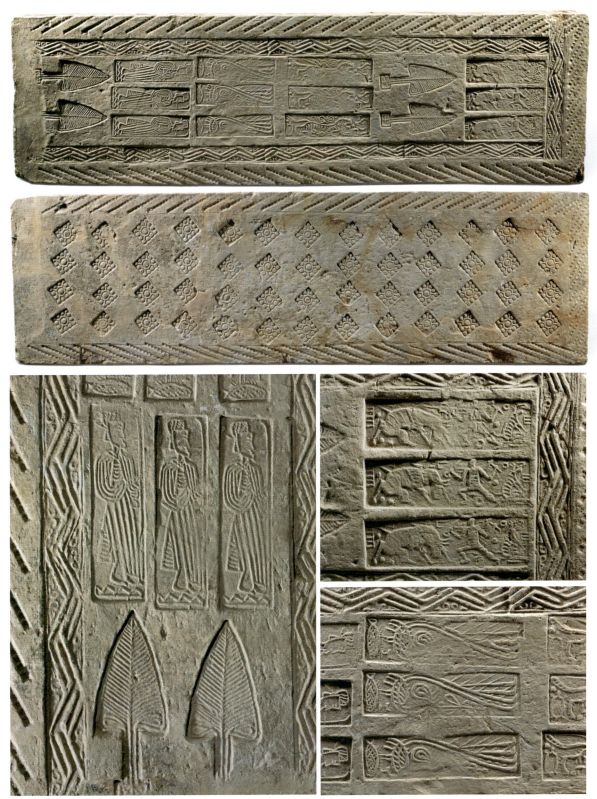

西汉M46后壁画像砖纹样

西汉M16清理后状况（北—南）

西汉M16（西—东）

较好，葬式为仰身直肢葬。无随葬器物。

M10，墓向166°，带墓道的长方形土坑竖穴木椁墓。墓道位于墓坑南壁。墓室为直壁，平底。墓口长约4.2、宽约3.2米。墓底长约4.4、宽约2.3米。墓葬后部变形，底大于口。墓口距地表深约0.2米，墓室残深约2.54~3.1米。墓道为斜坡墓道，平面略呈长条形，墓口长约4.6、宽约1.96~2.6米，坡底长约5米。墓道与墓室相交处长1.2米一段两侧起砖墙，墙高1.26米，墙内底铺砖。墓内填土为红褐色五花土。葬具已朽，仅存有棺椁痕迹。据痕迹，椁长约2.64、宽约1.9、残高约0.52米。在椁内有两具木棺的板灰痕，西棺长约2.3、宽约0.6米，棺上满饰十字形铜饰件，人骨不存。东棺长2.2、宽0.48米，人骨保存较差，葬式为仰身直肢葬。随葬器物大多置于椁室东南部，共出土随葬器物55件（组），其中陶器48件，壶6、罐8、炉7、灯1、鼎2、猪1、圈1、灶4、鸡3、仓6、盘1、钵5、甑1、鸭1、磨1；铜鉴1、饰件若干；铁剑1、削刀2；钱币若干。

M46，墓向160°，土坑竖穴砖椁墓。由土坑和砖砌椁室两部分组成。土坑由墓室、墓道两部分组成。墓室应为长方形，直壁，平底。墓口长约3.02、宽约2.1~2.22米。墓口距地表约0.25米，墓室残深约

2.34～2.7米。墓道为斜坡墓道，平面略呈
长条形，口长约3.54、宽约1.2～1.32米，
坡底长约3.92米。墓室内用砖砌椁室，为
长方形，只砌两侧及后墙，内空长2.26、
宽约1.48、高1.5米，侧墙厚约0.16米，后
墙厚0.1米。无封门砖，侧墙南头与墓室壁
之间留有0.26米宽的槽，底槽铺一层砖，推
测当时可能是由木板来封的门及盖顶。后墙
砖为画像砖，平面为人物斗牛、鸟、虎、树
木、持戟武士等组成的纹样，长1.22、宽
0.32、厚0.1米。葬具为木棺，已朽严重，
但可见棺漆痕以及底板灰痕，长约2.08、
宽约0.78、残高约0.26米。放置于墓室的
西侧。人骨尚存，葬式为仰身直肢，头部对
墓门。随葬器物12件（组），1件大陶罐放
置于棺上，铁剑置于墓主的腰部，其他随葬
品置于棺室的东部。随葬品有陶仓、陶罐各
2件，陶灶、钵、盆各1件，铜鉴1件，铁剑1
件，铜伞帽等饰件，铜五铢钱若干枚。

　　王莽时期墓葬有土坑竖穴砖室墓、土坑
竖穴砖椁墓、土坑竖穴砖底墓。

　　M36，墓向160°，带墓道的土坑竖穴
砖椁墓。由土坑和砖砌椁室两部分组成。

西汉M37清理后状况（西—东）

西汉M40清理后状况（东—西）

土坑由墓室、墓道两部分组成。墓室为长方形，直壁，平底。墓口长约3、宽约1.88米。墓
口距地表深约0.25米，墓室残深约2.3～2.5米。墓道为斜坡墓道，平面略呈长条形，口长
约2.1、宽约0.95～1.9米，坡底长约2.8米。墓室内用砖砌椁室，为长方形，只砌两侧及后
墙，内空长2.56、宽约1.46、高1.62米，墙厚约0.15米，共32层砖，无封门砖，推测当时可
能是由木板来封的门及盖顶。葬具为木棺，已朽严重。放置于墓室的东侧。人骨尚存，葬式
为仰身直肢葬。随葬器物9件，置于椁室的西部。陶器7件，鼎1、罐3、仓2、灶1；铁削1；
铜"大泉五十"、"大布黄千"若干。

　　M50，墓向72°，带墓道的方形土坑竖穴砖底墓。墓道位于墓坑东壁。墓室为直壁，平

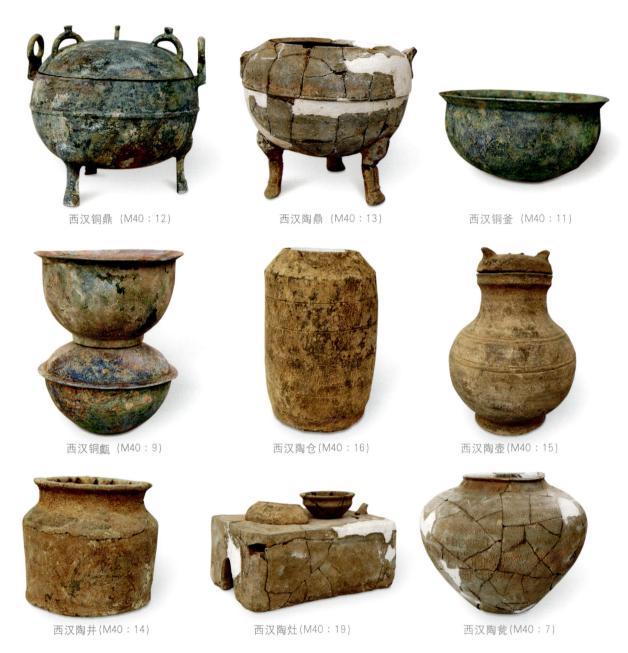

西汉铜鼎 (M40：12)　　　西汉陶鼎 (M40：13)　　　西汉铜釜 (M40：11)

西汉铜甗 (M40：9)　　　西汉陶仓(M40：16)　　　西汉陶壶(M40：15)

西汉陶井(M40：14)　　　西汉陶灶 (M40：19)　　　西汉陶瓮 (M40：7)

底。墓口长约2.72、宽约2.9米。墓底长约2.7、宽约2.9米。墓口距地表深约0.2米，墓室残深约1.22～1.5米。底铺一层铺底砖，无规律，南部棺下无铺底砖。墓道为斜坡墓道，平面略呈长条形，口长约2.6、宽约1.5～2.2米，坡底长约3.2米。墓内填土为红褐色五花土，距底约0.9米处铺不规则的封门砖，最高处共4层，其上再填土。双人合葬，南部葬具已朽，仅存有棺的痕迹，棺下用垫砖，板灰痕长约2.1、宽约1.1米。北部葬具无存，人骨尚存，葬式为仰身直肢葬。随葬器物大多置于南部棺的下面，共8件（组），其中陶器6件，罐3、灶1、磨1、钵1，另出有"大泉五十"、"货泉"等若干。

东汉墓均为带墓道的土坑砖室墓 。

　　M17，墓向235°，由土坑和砖室两部分组成。土坑由墓室、墓道两部分组成。墓室呈长方形，直壁，平底，墓口长约3.18、宽约2.2米。墓口距地表深约0.2米，墓室残深约1.34米。墓道为斜坡墓道，平面为长条形，口长约3.9、最宽约1.62米，坡底长约4米。砖室只有墓室部分，为长方形，墓室壁因挤压向内垮塌而略为变形，内空现长约

西汉陶鼎（M10：38）

西汉陶灶（M10：20）

西汉陶灶（M10：53）

西汉釉陶炙炉（M10：30）

西汉陶灯（M10：11）

西汉陶罐（M10：21）

西汉陶盒（M10：32）

西汉陶鼎 (M49：1)

王莽时期陶灯 (M12：18)

西汉陶磨 (M42：24)

王莽时期陶磨 (M50：5)

西汉陶灶 (M42：16)

西汉陶壶 (M6：8)

西汉陶仓 (M10：15)

2.4、宽约1.52、残高约0.72米。该墓为合葬墓，葬具只发现一具木棺，已朽严重，可见棺底板灰痕，长约1.9、宽约0.5米。棺内人骨尚存，葬式为仰身直肢葬。另在墓室北侧发现一些人骨，只有少量肢骨和肋骨，排列较乱，应为二次捡骨葬。随葬器物有陶罐4、钵3、灶1、甑2、鼎1、盘1件，铁剑1、铁刀1、铁饰件1件，铜鉴1、铜饰件2件，玉玲1件，水晶石1件，煤晶饰1件，料珠1件，石珠1件，五铢钱币若干枚。

潘家岭墓地此次发掘中有几个重要的收获和比较突出的特点，第一是墓地中墓葬的形制变化多样，而且都集中在两汉时期，同时又伴出有大量丰富的随葬器物，其时间发展演变的脉络很清楚，非常具有分期意义。第二是发掘了一座画像空心砖墓，其画像内容丰富，保存情况相对较好。西汉时期以河南南阳、洛阳为中心流行空心砖墓，但在鄂西北地区则发现甚少，其重要性不言而喻。第三是作为两汉时期一个相对独立而完整的墓群，潘家岭墓地的意义也非常重要，其墓葬虽然数量多但之间的打破关系却很少，墓葬的排列和分布的规律视时空的变化而有迹可寻，这为研究汉代墓地的规划、配置、演变等提供了很好的材料。

潘家岭墓地处于汉江左岸的台地上，其南直线距离不到3公里就是万家沟墓地，两处墓地同处习家店镇龙口村，都属于龙口古墓群的一部分，在它们的西北部，即汉江右岸的台地上还有北泰山庙古墓群。两处墓群的中部即为古均州所在地。古均州是一座有2000多年建制

西汉陶仓（M42：21）

王莽时期陶鼎（M12：10）

王莽时期釉陶博山炉（M12：7）

王莽时期陶灶（M12：6）

王莽时期陶井（M12：19）

王莽时期陶炙炉（M12：21）

王莽时期陶盖罐（M12：16）

王莽时期陶罐（M12：2）

的古城，据《均州志》记载："战国属楚谓之均陵，后属韩"，在秦汉时又属南阳和汉中二郡。这里自古以来就是长江文明和黄河文明相互融合的重要通道，是秦文化和楚文化相互争夺的重要地区。争霸战争促进了民族融合，这里的战国墓葬具有的地方特色和强烈的楚文化风格正是这一特殊地域在墓葬形制、随葬器物上的反映。两汉时期的墓葬则反映了墓葬严格的等级制度已趋瓦解，私人财富逐渐积累，社会政局较为安定，社会经济逐渐繁荣等历史内涵。对研究鄂西北地区的古代历史、社会制度以及与周边地区的文化交流、文化传播等具有重要的意义。

撰稿：颜劲松　谢　涛

丹江口牛场墓群2008年的发掘

◉ 湖北省文物考古研究所

　　牛场墓群位于丹江口市均县镇（原肖川镇）土桥管理区齐家垭子村（现合并为罗汉沟村）。墓群范围北起罗汉沟村一组的黄沙河，南至罗汉沟村一组林场的外边沟南端，南北直线距离约1.5公里。墓地分为南北二区，北区为齐家垭子区，墓葬较少，墓葬部分常年淹没在水中，少数暴露在外，多为两汉的土坑、砖室墓；南区即外边沟区，初步确认外边沟区有墓葬200多座。1996、2005、2006年湖北省文物考古研究所、丹江口市博物馆对外边沟区进行了三次抢救性发掘，共发掘墓葬189座，时代有东周、两汉，有土坑和砖室墓，出土陶、铜、料器、漆器等文物700余件。2008年5～10月，湖北省文物考古研究所对该墓地进行了第四次发掘。

　　由于外边沟区墓葬埋藏较浅，并长年受到库区水冲刷，地表土最厚约0.3米，有的墓葬直接暴露在地表，加上土质板结，不便于勘探，我们采用挖探确认墓葬再行发掘的方式进行。2008年我们勘探2万平方米，发现墓葬54座，依此布方43个，面积4300平方米，我们对这53座墓葬进行了清理。从清理情况来看，其中1座为东周墓，长方形竖穴土坑，葬具已腐

汉M221、M223（西一东）

烂，仅从朽痕可推测墓为一棺一椁，葬式为仰身直肢，双手抱腹，组合为鼎、敦、壶，初步判断为战国时期墓葬；1座为清代墓葬，在人骨架右手掌处有1枚铜扣，较完整；52座为两汉墓，有砖室墓和土坑竖穴墓两种，砖室墓多遭破坏。本次发掘共出土文物近400件，铜钱若干枚，主要为陶器，余为青铜器、铁器、石器等。

本区两汉砖室墓多遭破坏，葬具都已腐烂。从现存的砖室结构、随葬品情况来看，砖室墓的年代普遍略晚于土坑竖穴墓，砖室墓可能为东汉时期的墓葬。砖室墓人骨多损毁，仅发现数颗人牙。其方向也不规则，南北、东西向的皆有。M234为同穴合葬墓，M237、M219则为单室墓。本区两汉墓还有一种形式，那就是只在墓底平铺一层砖，其他部分均为土坑竖穴，我们还是将其归于土坑墓。

较之砖室墓，两汉土坑墓保存相对较好，也均未遭盗掘，但因埋藏较浅及其他因素，葬具都已腐烂，人骨保存较差，基本上只能采集牙齿，不过大部分我们还能看到葬式、方向。两汉墓葬式较之东周墓有一明显变化是：东周墓的仰身直肢、双手交叉抱腹变成了两汉的仰身直肢、双手自然置于身体两侧。M238为同室合葬墓，从发掘情况看，该墓墓道南半部较之北半部略高，推测合葬双方为不同时期下葬。M238与M242皆为合葬墓，两墓随葬品置于棺下，M238墓底在两具人骨下方均挖有坑以放置随葬品。同为两汉墓的M221和M223之间存在叠压与

汉M211（南—北）

汉M225（南—北）

汉M227（南一北）

汉M228（南一北）

打破关系，M221打破M223。

　　两汉土坑墓埋藏深度较之东周土坑墓也有差别，主要是东周土坑墓埋藏较深，一般超过1.5米，而两汉土坑墓则鲜有超过1.5米的，推测这是本地区东周墓葬人骨普遍保存较两汉好的原因。

　　从随葬品放置情况来看，本地

汉铜钩件（M195：1）

汉M219局部

汉铜铞 (M211：8)

汉铜铞 (M224：9)

汉铜铞 (M228：12)

汉铜铞 (M229：5)

汉铜铞 (M195：10)

汉铜铞 (M231：11)

汉铜铞 (M211：1)

汉铜铞 (M235：6)

汉铜洗（M238：31）

汉铜锅（M238：32）

汉铜锅（M240：13）

汉铜锅（M242：17）

汉铜锅（M236：1）

汉铜锅（M208：5）

汉铜锅（M238：30）

汉铜锅（M194：2）

汉陶井（M204：5）

汉陶鼎（M204：4）

汉陶仓（M204：6）

汉陶灶（M204：7）

汉陶碗（M204：9）

汉陶壶（M204：8）

汉陶盒（M204：3）

汉M242（东—西）

汉M238人骨清理后（西—东）

区东周墓随葬品皆为置于椁内四周，或有边箱或头箱、足箱则分别置于边箱或头箱、足箱，或者有头龛或侧龛则置于头龛或侧龛；两汉随葬品放置情况则均置于椁内，或如东周墓葬一样置于椁之四周，或设边箱置于边箱，但不见头箱、足箱，亦不见头龛或侧龛，部分两汉墓葬随葬品置于棺下，椁底板之上，推测是先在墓底放置随葬品，加以简单填埋，然后置棺。

两汉随葬陶器多为泥质灰陶，出土盖鼎、壶、盘、钵以及漆器，稍晚则多为井、仓、灶等，铜器中偶见铜锏、铜釜，铜钱数量较多。

撰稿：晏行文

汉铜带钩（M238：3）

汉铁削刀（M240：10）

丹江口行陡坡墓群

◎ 武汉市文物考古研究所

　　行陡坡墓群位于丹江口市习家店镇行陡坡自然村，地理坐标为东经111°10′47″，北纬32°42′39″，海拔130～145米。墓群南与北泰山庙墓群隔丹江口水库相望，东南临龙口农场墓群。整个墓群的西、南两边被丹江水环绕，北边为丘陵地带，东边为岗、冲相间的低矮山地。整个墓群所处地势南低北高，地势较低处被丹江水分成若干个小嘴子。墓葬主要分布在这些临水的小嘴子上。

　　为配合南水北调中线工程建设，根据湖北省文物局南水北调办公室的统一安排，武汉市文物考古研究所于2008年5～10月对该

ⅡT1～ⅡT12（北—南）

工地远景照（西—东）

墓群进行勘探、发掘，累计勘探面积18万平方米，发掘面积3000平方米。

为了解墓群的分布范围，我们利用全站仪对整个墓群所处的地形地貌进行详细的测量和绘图，同时对行陡坡自然村以及蔡家渡果园场区域进行拉网式的钻探。调查发现：行

ⅡT71～ⅡT90（西南—东北）

陡坡墓群分布面积较为广泛，在从东向西连绵几公里的若干山嘴上，都发现有零星墓砖和少量坟冢。但是除个别区域外，其他地区墓葬分布密度相对较小。

鉴于墓群的分布情况，我们依据地形地貌即自然形成的小山嘴子将整个墓群分为Ⅰ、Ⅱ区：

Ⅰ区为砖瓦厂区（以丹江口市第三联合砖瓦厂所在嘴子为主，附带其左右两个小嘴子）。由于砖瓦厂常年采土制砖，本区地形地貌已遭到严重破坏。

Ⅱ区为大坡区（以当地俗称"大坡"的嘴子为主，附带大坡嘴子的南、北两个嘴子）。依遗迹关系和地形地貌将其又分为三个小区，即大坡嘴子区、大坡南部嘴子区、大坡北部嘴

ⅡT41～ⅡT50与ⅡT66～ⅡT70（北—南）

西汉陶豆（ⅡM3∶2）

西汉铜带钩（ⅡM2∶1）

西汉铜环（ⅡM2∶2）

西汉ⅡM1（北—南）

西汉ⅡM2墓底（南—北）

子区。

本次共发掘遗迹21个，其中西汉早期墓葬3座，东汉时期墓葬2座，东汉时期窑址2座、灰沟1条，六朝时期墓葬3座，明清时期墓葬4座，明清窑址8座。另外调查发现晚期坟冢16处（其中3处残留有光绪时期的墓碑），由于属近代墓葬，故未予清理。

西汉时期的竖穴土坑墓均有熟土二层台，为一棺一椁结构。墓葬随葬品较少，有陶瓿、双耳罐、彩绘壶、彩绘杯、彩绘敦、彩绘勺、豆、铜带钩、铜环、铁鼎、漆器等，陶器制作不很精细，反映当时社会经济的不发达。

东汉时期的砖室墓被水冲刷破坏严重，仅残剩墓底。地面由砖砌成"人"字形，砖均为素面，无花纹。从墓室的前端残留有楔形砖来分析，墓顶应该为穹隆顶结构。没有发现

西汉ⅡM1出土陶器　　　　　　　　　　　西汉ⅡM3出土陶器

西汉彩绘陶杯（ⅡM3：6）　西汉彩绘陶壶（ⅡM3：3）　　西汉彩绘陶敦（ⅡM3：4）

西汉彩绘陶壶盖（ⅡM3：1）　　　　　　　西汉彩绘陶勺（ⅡM3：5）

西汉陶双耳罐（ⅡM1：1）　　　　　　　　西汉陶瓿（ⅡM1：2）

随葬品。

　　清理的两座窑址均为砖室结构，上面已完全被破坏，仅剩窑的底部。两者结构相同，均由火膛、窑床、烟道组成。在窑床和火膛中堆积有大量的陶器碎片，推测窑的主要功能是烧制盆、罐等生活用品。这一时期这里有陶器作坊分布，显示出当时手工业的发展状况。从陶器的形制和砌窑用的砖块分析，窑的建成年代为东汉时期。

　　六朝墓为砖石结构，整个平面形状呈"刀把"状，墓室后壁用砖砌成"V"字形，这一现象为本地区初次发现，结构较特殊。因果农种植橘树而遭到破坏，仅剩墓圹，砖面有菱形回纹、同心圆纹，纹饰精美。出土器物有银钗、铜镜、铜带钩。

　　明清墓封土周围有用砖、石块垒成的圆形包边，土坑竖穴，有简单的棺木葬具，

东汉 II M4（北—南）

东汉 II Y10窑膛堆积

东汉 II Y9（东—西）

六朝 I M1（西—东）

六朝 I M1南壁局部（北—南）

六朝铜带钩（I M1：2）

六朝铜镜（I M1：1）

东汉陶罐（ⅡY10：1）

东汉石锛（ⅡG1：1）

东汉石锛（ⅡG1：2）

东汉陶串珠（ⅡY10：2）

明清ⅠM3（西—东）

明清Ⅰ M2（南—北）

明清Ⅱ Y1窑膛

随葬品较少或无。值得注意的是墓主的头部、脚部有用瓦垒成的小台，起头枕、脚枕的作用，是当地的一种葬俗。这些墓葬对了解明清当地居民的葬俗及社会状况增添了实物资料。

明清窑址结构类似，均为较小的土窑，直径仅1米左右，结构较简洁，由窑室和火道组成。从Ⅱ Y1窑室中发现的大量烧制木灰以及未烧透的树木残存分析，窑的主要功能可能是烧制木炭。窑址由东向西一字形排开，彼此间距2米左右，表明这里当初是成规模的烧制木炭。窑址东边临山，西边靠水，所需材料来源和成品出售均不是问题。

　　从清理的结果看，8座土窑根据窑底的形态可以分为两种形式：一是窑室底部用砖铺垫从而起到垫圈的作用；二是在修窑的同时直接在地面挖成，利用自然形成的土台起垫圈作用。还有一种窑室的底是平坦的，不过在清理窑室的过程中发现其中夹杂大量的碎砖，分析可能为第一种形式即窑室底部铺垫砖块遭后期破坏所致。另外在清理过程中，我们也注意到遗留在窑壁上的工具痕迹，通过判断可以确定当时修窑时使用的是锄头一类的工具。

　　经过为期三个月的田野发掘，我们发掘了一批汉代墓葬、窑址、灰沟和明清时期的墓葬、窑址，为了解和研究当地的历史文化衍变和交流提供了基础性资料。特别注意的是行陡坡墓群地处古均县县城之北，为南北交通要道，是陆路通水路上武当山朝圣的捷径，特别是大坡区地理位置优越，风水较好，调查时就发现有明代提督墓（当地俗称"太监坟"）葬于此处。同时也说明在这里修建窑址烧制木炭的原因也是出于交通便利的考虑。

　　从已发掘的资料看，从汉代早期墓葬的彩绘陶器到晚期明清墓葬的枕瓦习俗，这一地区的墓葬文化受到丹江南岸地区的影响，从而为我们了解和研究丹江口北岸地区的文化提供了新的线索和思路。

撰稿：刘永亮

明清ⅡY5（西南—东北）

明清ⅡY1窑膛内工具痕迹

丹江口连沟墓群

◎ 黑龙江省文物考古研究所

勘探现场

连沟墓群位于丹江口市凉水河镇白龙泉村五组（原连沟村）东部，西距凉水河镇4.5公里，南距丹江口市12.6公里。墓地处于丹江口水库"小太平洋"口西岸，这里是一个伸进水库的半岛，其地势为大致呈西北—东南走向的一道山脊，南北两端各有一个略高的山包。因东北部有较多形状怪异的岩石裸露，故又名"石林岛"。地表上杂草丛生，南部被水冲刷破坏，地表散落有少量青砖残块和石碑基座残件等。墓地中心地理坐标为东经111°30′49″，北纬32°39′21″，海拔148～162米。

墓地远眺（西南—东北）

1994年11月，中国社会科学院考古研究所调查发现该墓群；2004年2月，南水北调中线工程丹江口水库淹没区湖北省文物保护规划组复查。为做好南水北调湖北省丹江口库区文物保护工作，受湖北省文物局南水北调办公室委托，2008年9～10月，黑龙江省文物考古研究所对连沟墓群进行勘探和发掘，勘探面积6万平方米，发掘面积1500平方米。

连沟墓群的地层可分为3层：

第1层为表土，黄褐色，一般厚约0.1～0.15米，包含有少量残砖块、瓦片及现代瓷片。

第2层为淤土层，灰褐色，一般厚约0.1～0.65米，包含有青花瓷片、残瓦片及墓碑碎块。

第3层为淤土层，黑褐色，一般厚约0.1～0.5米，包含有砖块及残瓦片。

第2、3层主要见于墓地的东南部，系丹江口水库水位涨落冲积而形成。

本次发掘清理墓葬12座，其中汉代墓葬1座，清代墓葬11座。出土陶、石、银、铜、铁等器物60余件（套）。

东汉时期墓葬1座（M12），砖室墓，墓向265°。墓葬分为墓室、甬道、封门、墓道四部分，墓壁用青砖横向错缝垒砌而成。墓葬的建构系先挖一土圹，土圹长4.54米，墓室部分宽2.28米，甬道部分宽1.72米，在墓圹的西部接有一段长0.96米的短斜坡墓道。墓葬开口距地表0.2米，墓顶无存，墓室为单室，长2.66、宽1.84、深0.42米，

考古人员使用全站仪测绘地形

勘探现场

清理东汉M12甬道

东汉M12清理后情况（西—东）

墓底用一层青砖呈"人"字形平铺而成。仅见人骨残渣，葬式不明。墓室内出土有釉陶壶2件、陶钵1件、陶盅1件、陶器盖1件、骨珠1枚、五铢钱7枚。甬道长1.34、宽0.84米。东侧由三层青砖平铺而成，与墓室的西壁南端相连，并且与墓室底部平；中间底部用一层青砖呈"人"字形平铺而成，其底部较墓室底部低0.1米；西侧用一层青砖斜向竖铺而成，与封门相连。甬道内出土有釉陶灶、甑、碗、碟、仓、耳杯、器盖和狗各1件。封门用青砖横向垒砌而成，残高0.4米。

11座清代墓葬分为砖室墓、砖椁墓和土坑竖穴木棺墓三类。

砖室墓1座（M1），墓向120°，遭严重破坏。墓葬分为墓室、墓道两部分，开口距地表0.08～0.1米，墓室长3、宽2.5米，残存墓壁高0.15米；墓道与墓室的南壁中央相连接，长0.4、宽1.9米。

东汉M12陶器组合

土坑竖穴砖椁墓2座（M6、M7），均遭严重盗扰。

M6，墓向320°。开口距地表0.15米，为长方形土坑竖穴砖椁墓，墓圹长3.05、宽1.55、深0.45米；砖椁用青砖横向错缝垒成，长2.65、宽0.9米；墓底铺有0.03～0.05米厚的白灰。葬具已腐朽，仅见木棺痕迹，木棺长2.35、宽0.85米。人骨一具，保存较差，从残存迹象及头骨判断，头向西北，男性，年龄、葬式不详。墓主头部枕有板瓦4块，左侧出土铜帽顶饰件1个。墓内还出土铜钱1枚、铁钉5件。

土坑竖穴木棺墓8座（M2～M5、M8～M11）。

M3，墓向320°。开口距地表0.95米，为长方形土圹竖穴墓，墓圹长2.18、宽0.68、深0.93米。葬具为单木棺，木棺已腐朽，从痕迹来看，木棺长1.9、棺首宽0.65、棺尾宽0.45米，棺板厚0.06米。葬式为仰身直肢，女性，年龄不详。墓主人头

东汉釉陶壶（M12：2）

东汉釉陶壶（M12：6）

东汉釉陶仓（M12：12）

东汉釉陶碟（M12：13）

东汉釉陶耳杯（M12：8）

东汉釉陶器盖（M12：14）

东汉釉陶碗（M12：15）

东汉釉陶狗（M12：9）

东汉釉陶灶（M12：16）

清M6、M7（东南—西北）

清M6（东南—西北）

清铜帽顶饰件（M6：2）

清银饰件（M2：2）

清银饰件（M8：2）

清银饰件（M4：2）

清银饰件（M4：3）

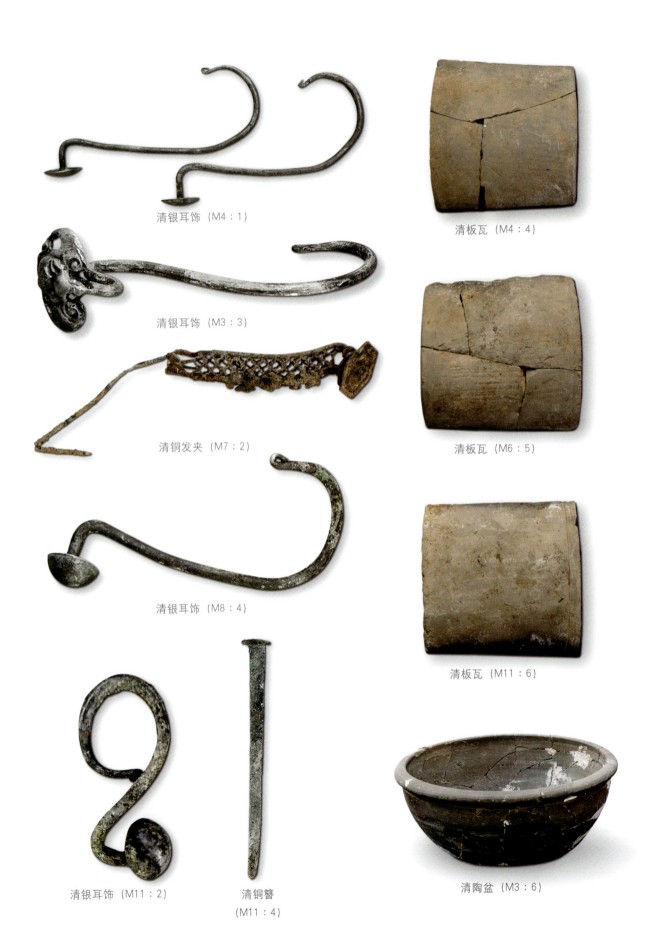

清银耳饰（M4：1）

清板瓦（M4：4）

清银耳饰（M3：3）

清铜发夹（M7：2）

清板瓦（M6：5）

清银耳饰（M8：4）

清板瓦（M11：6）

清银耳饰（M11：2）

清铜簪
（M11：4）

清陶盆（M3：6）

清M8（东南—西北）

清M11（东南—西北）

清M4（东南—西北）

骨下出土陶盆1件，陶盆下左右各叠放4件板瓦。出土有银发饰1件、银耳饰1件、铜钱4枚。

M4，墓向320°。开口距地表0.4米，为长方形土圹竖穴墓，墓圹长2.5、宽1.3、深0.71米。葬具为单木棺，木棺已腐朽，从痕迹来看，木棺长2、棺首宽0.68、棺尾宽0.5米，棺板厚0.06米。棺内人骨一具，保存较差，从残存迹象判断葬式为仰身直肢葬，女性，年龄不详。在墓主人头骨下枕有板瓦7件，头骨旁出土银耳饰2件、银饰件1件。

清墓碑座、碑额及饰件（ⅠT06②：3）

清墓碑座（ⅠT06②：2）

　　M8，墓向320°。开口距地表0.36米，为长方形土圹竖穴墓，墓圹长2.2、宽0.75、深0.8米。葬具为单木棺，木棺已腐朽，从痕迹来看，木棺长2.1、棺首宽0.56、棺尾宽0.52、高0.4米，棺板厚0.08米。棺内人骨一具，保存较差，从残存迹象判断葬式为仰身直肢葬，性别、年龄不详。墓主头骨下枕有板瓦7件，出土有银簪、银饰件、银耳饰各1件及铜钱5枚。

　　通过对连沟墓群的勘探发掘，我们对该墓群有了全面的了解。从所获资料看，墓地年代主要包含汉代和清代两个时期。墓地使用时间虽长，但墓葬分布并不密集。从发掘情况看，清代墓较为集中，大多分布于墓地南部所在山包的南坡，而且成排分布，布局较有规律。有的墓前有大的石墓碑，由碑座、碑身、碑额等组成，造型特殊，可能为家族墓地。

　　此次发掘所获材料，对研究鄂西北地区的古代历史、文化面貌具有重要的学术价值。汉墓的资料弥足珍贵，为本地区汉墓的深入研究增添了新的实物资料，特别是一批不同类别清墓的揭露，对了解本地区清代的葬俗文化具有一定意义。

撰稿：魏明江　俞　平　赵永军

摄影：张春峰

丹江口温坪墓群

◉ 陕西省考古研究院

　　温坪墓群位于丹江口水库边，为丹江口市石鼓镇所辖，位于竹玉公路南部，公路以北即为河南省仓房镇地界，西北距石鼓镇7.5公里，地理坐标为东经111°41′、北纬32°41′，海拔140米。墓群分布在温坪9个村民小组范围内，地势南为高山，北为缓坡状丘陵，东部山脉大体呈南北走势，向北有二阶台地，台地上有多条东西并列的山丘，坡势较宽、缓，丹江支流一条无名小河自村南部东西向穿过，汇入水库，西部窄，东部宽阔。

钻探现场

　　根据湖北省文物局的安排，陕西省考古研究院承担了温坪墓群2008年度的考古发掘工作。2008年4月29日开始钻探，6月初钻探基本结束。钻探面积约30万平方米，超出项目规定任务。5月28日布方发掘，至7月8日发掘基本结束。发掘面积约2000平方米。

　　钻探可知，此地地层堆积主要有两类。

　　一类：第1层，耕土层，灰色，厚0.1~0.2米，多有石块、灰色板瓦残片等。

　　第2层，扰土层，厚0.5米，土质硬，密度大，略带红色的黏土，有灰色板瓦残片。海拔越高，此层堆积越厚。

墓地地貌（西一东）

发掘区全景

明M1013（左）与M1012（右）（东南—西北）

此层下即生土层，含沙，河床堆积或淤积形成。

二类：第1层，耕土层，厚0.1～0.15米，碎石、红胶泥，有植物根茎。

1层下即生土层，红胶泥—黄胶泥—青膏泥薄层—岩层。

通过调查，也见到了项目评估所言及的位置存在的墓砖和石碑，但年代均为晚清和民国时期。

5月28日在用工极其困难的情况下，发掘工作正式开始。在东经111°27′39″、北纬32°41′47″，海拔147米处，立整个墓群发掘基点，探方编号采用象限法，分为Ⅰ、Ⅱ、Ⅲ、Ⅳ区，发掘主要在Ⅰ区进行，布方19个，另在Ⅱ、Ⅲ区布探沟1条、探方1个。

此次发掘墓葬共计41座。包括砖室墓10座，其中儿童墓1座（M28），穹隆顶墓室合葬墓1座（M37），年代以不早于宋代的墓葬为主，另有清墓2座。墓向以南北向为多。土圹墓30座，包括合葬墓1座（M33）、双棺墓1座（M34）。墓向以北偏西居多，平面基本呈梯形。另有1座墓葬只残留墓底，为石板铺底。发掘灰坑2座，建筑墙基2处，墓茔设施2处。

土圹竖穴墓常见两两成组现象，梯形棺窄拼，墓主头下枕瓦，仰身直肢。多有宋代钱币随葬，有的还有瓷罐位于头龛或头部棺外。有并穴而葬的现象，如M1013和M1012，两墓间隔约10～20厘米。M1012墓主骨骼较粗壮，为男性；M1013骨骼细，为女性，符合"男左女右"的习俗，为夫妻并穴埋葬的形式。M1034是此类型中最重要的一座。此墓口长3.5、宽1.5～1.7、深1.25米。墓室上层填土为红褐、黄色的五花黏土，下有木炭层、石灰加沙混合土层。棺外均填混合土，平夯成层。双重木棺，放置于墓室中部，平面均呈"H"形，棺内墓主的骨架很凌乱，头向西北，多处骨骼移位，或为迁入葬。M1036墓口长2.2、宽0.8～0.9、深1.24米。墓壁规整，有一棺放置于墓室中部稍偏。棺长2.12、宽0.65～0.8、残高0.45米，棺底铺有3～5厘米厚的草木灰。棺周围的铁棺钉共计12枚。西北端偏南棺上有一块较大的石块。墓内未见骨架，属于"义冢"性质的空穴。

宋M1034（西北—东南）　　　　　　　　　　　宋"义冢"M1036（西北—东南）

　　砖室墓包括两种类型：一是平面梯形，券顶；一是倭角长方形，穹隆顶。前者券顶残，结构不甚详明。此型墓葬规格小，长方形竖穴土圹内青砖砌筑墓室，砖室平面近船形，总长3、宽1.2～1.22米，未见葬具痕迹。头向似东南，但在墓室的西壁即足端有仿木结构的墓门，东壁为纵向、斜向交错叠砌的封门。墓底铺砖中间高拱。穹隆顶墓1座即M1037，其外形似乌龟，由墓室、墓道、甬道三部分组成。外层为紫褐色石粒与深褐色土混合封土坟丘。斜坡墓道在南，坡度22°。甬道券顶，长0.7、内宽0.8、顶高1.4米。墓室倭角方形，穹隆顶，长2.6、宽2.5米，砖墙高1.5米处起券，券顶高2.24米。墓壁单层砖砌，有突出的砖角做出的菱角牙子二层，墓底错缝人字形砖铺地。地表甬道与墓室之间有弧形砖墙，砖砌方法为错缝内弧向平砌。砖与砖之间有白灰做黏合剂。二棺并列南北放置在墓室中部。出土瓷罐、瓷碗、铜眉夹、"崇宁重宝"等铜钱60余枚，为宋代墓葬。

宋M1026西壁处仿木结构假门（东南—西北）

宋晚期M1037（东—西）

宋瓷罐（M1037：1）

宋瓷碗（M1037：2）

宋瓷碟、瓷罐（M1004：3、6）（左—右）

砖室墓中有圆形砖室墓打破梯形砖室墓的关系，因此，梯形砖室墓的时代稍早。

温坪墓群出土遗物包括宋代年号的铜钱100余枚、瓷器16件、石器3件、铜首饰6件、银首饰1副。其中瓷器包括宋代青釉双耳罐、碗、盘，明代无釉直筒杯、带流单柄罐及清代青花瓷碗等。

通过细致的工作，目前可以得出以下认识：

（1）温坪墓群不存在与淅川下寺有关的墓葬。该项目指定范围宽泛，从地面调查情况看，除东部近河南境内有少量汉代几何纹砖外，再无时代更早的有价值遗物。原项目调查所言及的墓葬碑文显示时代为同治、民国等时期，无大的发掘价值。此处虽距河南下寺位置较近，但属于丹江支流水域，地势窄狭，长期的水位消长对地貌的影响极大，寻找与下寺同属性遗迹的难度大。

（2）墓群的主要时代不早于宋，

明银耳环（M1034：1、2）

明釉陶单柄杯（M1006：2）

明釉陶四系罐（M1011：1）

砖室墓主要是宋代，竖穴土圹墓以明代为多。

（3）墓葬级别较低，属于一般平民墓。

（4）小型砖室结构的墓葬形似船形，有仿木结构的设施，如仿木假门。较大型的有多重菱角牙子。从器物特点看，应为宋代墓葬。竖穴土圹墓虽然形制基本一致，但出土器物仍有区别，尤其是头部或头龛出土的瓷罐，特征明显有别，一部分是黄绿半釉的四系罐，一部分是无釉的带流罐或直筒杯，年代应有早晚。

（5）墓群存在较多的成组现象，应是不同时期家族墓地的反映。经过人类体质学的鉴定，明显有男居左女居右的规律。尤其是有数量较多的墓圹间距很小，应属于并穴合葬形式。

温坪墓群虽保存较差，但墓葬的形制多样，仍有一些问题值得深入探讨。如具有典型明代特征的墓葬均随葬宋代年号的铜钱，是否与墓主生前对族属的认同观念有关？明代墓圹内的大型石块，是否可称为"镇墓石"？宋代墓葬中的仿木结构在丹江地区有怎样的历史渊源？总之，此次发掘证实了温坪墓群真实的文化面貌，同时由于课题意识的加强，带着问题开展工作，比较重视材料的收集，此批材料无疑将有助于丹江口库区北岸宋、明时期文化面貌的深入研究。

撰稿：许卫红

摄影：陈　钢

丹江口七里沟墓群

◉ 中山大学华南文化遗产保护研究与教学中心

　　七里沟墓群位于丹江口市土台乡七里沟村一组，东距武当山镇约10公里。中心地理坐标为东经111°11′05″，北纬32°34′15″。海拔140~170米。

　　墓群共分小梁子与小河子洼两个地点。小梁子位于丹江口水库主水道西侧，整体呈鱼脊形，中间高，四周低，三面环水（当丹江水位上升到152米左右时，小梁子与陆地相连的通道会被水淹没，届时小梁子便成为一座孤岛），呈东北—西南走向。在水位为145米时，小梁子东西长约600、南北宽约200米，面积约12万平方米（当水位上升时，小梁子面积随之变小）。地表顶部、北部原为耕地，现为荒地。西部和南部缓坡地带为耕地，种植玉米、棉花和芝麻等作物。小河子洼与小梁子隔河相对，是一处三面为高地、面向丹江口水库的坡地，东西约120、南北约130米，面积约1.5万平方米，上部为橘园，下部种植红薯等作物。

　　为配合南水北调工程建设，根据湖北省文物局南水北调办公室的统一安排，从2008年8月30日~11月20日，中山大学华南文化遗产保护研究与教学中心考古队对七里沟墓群进行了考古勘探与发掘，领队许永杰。累计勘探面积4.5万平方米，发掘面积1578.75 平方米。

　　七里沟墓群2008年，共发掘宋、明和清代墓葬18座，沟1条。其中竖穴土坑墓17座，砖室墓1座。竖穴土坑墓中，夫妻同茔异穴合葬墓1座，同穴合葬墓1座，余皆单人葬。其中1座有头龛，1座有侧龛。出土完整的或可修复的器物有墓志1、青花碗4、陶罐3、铜顶针1、铜簪1、铜扣4、铜钱200余枚、棺钉200余枚等。此外，在地表采集或在探方耕土层中出土有泥

七里沟墓群小梁子地点全景（南—北）

用全站仪测量地形

清M9（西南—东北）

明M12（南—北）

质黑皮陶片、饰云雷纹陶片、青瓷片、青花瓷片、陶网坠、磨制石斧等。

M17，长方形竖穴土坑墓。墓向302°。墓口长2.9、宽约1.1米，深0.6米。墓坑填土为致密坚硬的灰白色石灰土，填土中出土青瓷碗口沿，无其他随葬品。

M12，长方形竖穴土坑墓。墓向20°。墓口长2.34、宽1.06米，深0.4～0.85米。头侧有长方形壁龛1个，壁龛正中置四系罐1个，罐内有食物残迹。罐的左、右两肩各扣一青花碗。头骨置于瓦片上，头骨至盆骨下出土铜钱20枚，钱文分别为"元丰通宝"、"圣宋通宝"、"熙宁元宝"、"天禧通宝"、"皇宋通宝"、"祥符通宝"、"咸平元宝"、"弘治通宝"。

M11，长方形竖穴土坑墓。墓向30°。墓口长2.36、宽1.06米，深0.66米。填土中出土陶罐1件。

M9，夫妻同茔异穴，长方形竖穴土坑墓，地表有封土堆，直径7.2米，高于现今地面1.1米。封土堆周围有一圈砖石残块，封土堆周围环绕一圈砖石，分三层，底层平铺石头，上两层为青砖相互倾斜叠压于下一层之上。封土堆之下两个墓穴按男左（穴1）女右（穴2）并列。穴1墓口长2.4、宽0.84米，深0.41～0.53米；穴2墓口长2.3、宽0.81米，深0.54～0.58米。墓向为北偏东45°。M9出土铜钱174枚（钱文大多可辨识，有"顺治通宝"、"康熙通宝"等）、铜顶针1枚（穴2出土）、铜顶戴1个（穴1出土）、铜扣4枚（穴1，头部两枚，脚部两枚）、枕头瓦42块、棺钉若干。

M18，夫妻同穴合葬，长方形竖穴土坑墓。墓向150°。墓口长2、宽1.08～1.3米。坑内并排置二木棺，棺长仅1.5米。从棺木和骨架推测，该墓系二次葬。右侧棺内出土铜扣1枚。

M2，长方形竖穴土坑墓，墓口东边有一排砖头和石块，无墓道。墓口长2.4、宽1.3～1.4米，深1.05～1.12米，墓内出土"宽永通宝"1枚。

M3，长方形砖室墓，无墓道和甬道。墓口长1.48、宽1.1米，墓深0.45米。墓室底部用青砖错缝平铺，四壁用青砖错缝叠砌。墓室东壁有长方形壁龛，宽0.14、高0.23米。墓内出土釉陶罐、铜钱、烟管各1件。

根据调查与发掘，初步可以得出以下认识：七里沟墓群主要地点小梁子是一个年代跨度比较大、文化面貌较为复杂的文化遗址。从我们在地表采集到的磨制石斧以及发掘出土的泥质黑皮陶片等遗物判断，该遗址年代上可能追溯到新石器时代晚期，下讫明清和近代。此次发掘的墓葬多为明清时期。但根据村民反映以及我们采集到的墓砖、出土的青瓷片来看，七里沟墓群大部分墓葬分布于水位140米以下，且应有汉代和六朝墓葬，这些墓葬需要在丹江口水库水位较低时进行发掘。

明M11（北—南）

清康熙通宝（M9（1）：15）

撰稿：郭立新

郧西县

郧西县地处鄂豫陕三省交界处，属于鄂西北边塞顶点，南临汉江天险，北靠秦岭山脉，西南接川陕边境的大巴山脉，东以郧县为邻，四周均为大山所围，地势西北高、东南低。全县国土面积3509平方公里。

根据南水北调工程文物保护总规划，郧西县涉及文物点3处，均为地下文物点，普通勘探面积5000平方米，发掘面积7400平方米。

郧西庹家湾遗址

◎ 湖北省文物考古研究所

　　庹家湾遗址位于郧西县观音镇垭子湾村6组（庹家湾自然村），汉江左岸的二级台地上，中心地理坐标为东经110°22′51″，北纬32°05′47″，海拔159～170米，现存面积约4万平方米。该遗址西靠后山梁子，东临汉江，与郧县庹家洲遗址及乔家院墓地隔江相望。遗址地势较平缓，现为当地村民的耕地。

　　1958年修建丹江大坝时，长江流域规划办公室"长办考古队"调查发现了该遗址。1984年郧阳地区进行文物普查时对它作了复查，1994年长江水利委员会、2000年省文物局先后组织对郧西县境内沿汉江左岸172米水位线下的地上、地下文物点进行一次全面调查，其中包括庹家湾遗址，并确定它是一处新石器—汉代遗址，现为县级重点文物保护单位（见《江汉考古》1996年2期）。为配合南水北调中线工程，做好丹江口水库淹没区的文物保护工作，我们从2007年3月～2008年5月，先后对该遗址进行了两次钻探和三次发掘。

　　两次钻探的面积共达61915平方米，探明古代文化层主要集中在遗址的南部，我们便将其作为发掘重点区。而遗址的北部为泥沙淤积区，未见文化层分布，可能与汉江改道有关。三次共发掘5米×5米探方82个，总面积2050平方米。三次发掘共发现遗迹102个，有灰坑92

Ⅱ区探方全景（北—南）

新石器红陶杯（H60：6）

东周陶鬲（H61：2）

东周陶盂（T3926⑤：3）

东周陶罐（T3725④：5）

个、灰沟9条、墓葬1座。其中早于东周遗迹有灰沟1条、灰坑9个，东周遗迹有灰坑79个、灰沟7条，西汉墓葬1座，东汉灰沟1条、灰坑4个，出土了大批以东周时期为主的遗物。

我们根据遗址南部的地形特点，将其分成两个发掘区：Ⅰ区位于遗址南部的西边，第一、三次发掘就在该区进行，共发掘47个探方；Ⅱ区位于其东边，以断坎（梯田埂）为界，地势比Ⅰ区陡降1.2米，第二次发掘在该区进行，共发掘35个探方。

发掘表明，Ⅰ区文化堆积分8层：第1层为耕土层，第2层近现代层，第3层明清层，第4层东汉层，第5层东周层，第6层商周层，第7、8层属新石器层，第8层下系黄色生土，土质纯净板结。文化层堆积的态势是西北高东南低。Ⅱ区文化堆积分6层：第1层为耕土层，第2层近现代层，第3层明清层，第4、5层东周层，第6层新石器层，第6层下系黄色生土，土质纯净板结。文化层堆积的态势较平缓。Ⅱ区缺乏Ⅰ区的东汉地层，却有东汉时期的遗迹、遗物。

新石器层（第7、8层）及同期遗迹，陶片细碎，数量少，器类有泥质红陶碗、钵、高领

新石器陶澄滤器 (T2118⑤:3)

东周陶罐 (H74:1)

新石器陶澄滤器内底 (T2118⑤:3)

东周陶豆 (T3427⑤:1)

新石器陶筒形器 (T3725④:1)

东周陶盆 (T3325⑤:1)

罐及夹砂侈口罐等，纹饰以篮纹、划纹为主，少见绳纹。在第三次发掘中发现的商周层（第6层）及同期遗迹，陶器基本组合为罐（釜）、盂、壶、豆，不见有鬲，遗物较多的遗迹有H91、H92等。东周时期遗物主要是陶器和石器，其陶器的基本组合为鬲、盂、豆、罐，石器有大、小型的斧、锛、凿等。此外，还有一些小铜器和铁器，如残铜带钩、残铁斧等。遗

东周红褐陶圆片 (T3927⑤∶1)　　东周残铁斧 (T3425⑤∶1)　　西汉陶瓮 (M1∶5)

东周石斧 (T2724④∶1)　　东周穿孔石刀 (T3023⑤∶1)　　西汉陶瓮 (M1∶5) 上刻有"史公"二字

东周石镞 (H13∶1)　　东周砺石 (T3726④∶2)　　西汉陶釜甑 (M1∶4)

物较多的遗迹有H12、H61等。值得注意的是，在商周至明清时期，尤其是东周时期的各文化层及其遗迹中，常伴出大量新石器时期器物，如高领罐、夹砂侈口罐、敛口碗（钵）、红陶杯、鬶足、扁体鼎足（正装或侧装型）、磨光黑陶盖纽等。此外，有一种在别处罕见的陶器——夹粗砂红褐陶厚胎"筒形器"（暂名），最早出现于第6层（商周层），却大量伴出于第4、5层。这种情况说明，该遗址自新石器时代至今，一直有人类在这里活动，遂出现早期的文化遗存被晚期的人们所破坏，其中尤以新石器及商周文化遗存遭到的破坏较为严重。

明清石杵 (T3623③：1)

东汉梯形板瓦 (H33：1)

东汉梯形筒瓦 (T3625③：1)

西汉陶带盖罐 (M1：1)

　　西汉墓（M1）位于遗址南端的断坎上，墓开口于第1层下，打破生土。为东西向的长方形土坑竖穴墓，墓向285°，其南半部已崩垮残缺，墓口东西长4.3、南北残宽1.8米，墓底东西长4、南北残宽1.6米，墓深2.7米。填土为五花土，未夯，有零星的汉代布纹瓦片、烧土粒等，棺椁及人骨均腐朽无存。已清出的随葬品只有陶器，器类有瓮1、带盖罐4、壶1、釜甑1等，均为泥质灰陶，个别的有红色彩绘。其中陶瓮的肩上刻有"史公"二字，推测是器主之名。

　　东汉时期的遗物主要是陶瓦（筒瓦和板瓦），瓦体除了常见的长方形体外，还出现了头窄尾宽的梯形体。而明清时期的遗物主要有瓷器等。

　　众所周知，人类自古以来是临水而居的。新石器以降，汉江两岸分布着已知的考古学文化便有仰韶、屈家岭、青龙泉三期、盘龙城商文化、楚文化等。汉江自古以来既是南北水路交通的要道，也是南北文化的交流通道。庹家湾遗址地处汉江上游，在这里发现自新石器至两汉的文化遗存，无疑是很重要的。目前，我们正在对这批资料进行全面整理，对它们的认识也将会随之加深。

撰稿：梁　柱

摄影：梁　柱

郧县

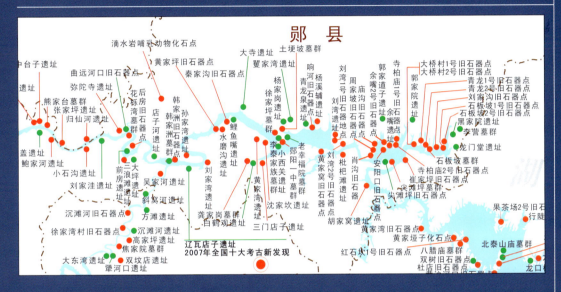

郧县地处鄂豫陕三省边沿，汉江上游下段，位于十堰市东北部。境内高山与盆地兼有，沟壑与岗地交错，全县国土面积3863平方公里。

根据南水北调工程文物保护总规划，郧县涉及文物点81处，其中地下文物点74处。涉及普探面积17万平方米，重探面积0.3万平方米，发掘面积13.8万平方米。地面文物点7处，涉及建筑面积5278平方米。

郧县郭家院遗址

◉ 湖北省文物考古研究所

2006年探方全景（东—西）

郭家院遗址位于郧县安阳镇西堰村委会东部约300米，隶属西堰村四组。遗址西临细峪河，分布于郭家院南北两侧的台地上。中心地理坐标为东经111°00′43.56″，北纬32°50′60″。面积约1.5万平方米，海拔170～180米。

该遗址于1982年湖北省文物普查时发现，后于1986、1994、2004年多次复查。为配合南水北调工程，湖北省文物考古研究所对该遗址进行了抢救性发掘。2006年11月～2007年1月由张成明负责在遗址东部布5米×5米探方24个，扩方50平方米，共发掘650平方米。2007年11月～2008年4月由胡文春负责在遗址西部布10米×10米探方18个，5米×5米探方2个，扩方18平方米，共发

遗址外景（西南—东北）

2007年探方全景（南—北）

掘1868平方米。两次共计发掘
2518平方米。

遗址上部在农田改造时
期，已全部被平整。遗址东部
地层堆积较厚，深约1.1米。西
部地层堆积较薄，深约0.5米。

东部地层，西高东低呈坡状
堆积。第1~3层为现代扰乱层，
4~7层为新石器时代文化层。

第1层：灰褐土，土质较松
散，呈块状，厚0.15~0.2米。
该层分布于整个探方。包含有
现代砖块瓦片等。

遗迹分布（南—北）

第2层：褐黄土，土质较
硬，呈块状，厚0.1~0.25米。
该层分布于整个探方。包含有
现代砖瓦片。

第3层：褐灰土夹锈斑，土
质较硬，呈块状，厚0~0.27
米。包含有铁片及青花瓷片。

第4层：灰黑土，土质较

发掘现场

遗迹绘图工作照

新石器方形房屋F23打破圆形房屋F16（西—东）

新石器F6与灰坑、W22（西北—东南）

硬，呈块状，厚0～0.7米。西高东低，呈坡状堆积于探方东部，包含有较多的陶片和石器。陶质有夹砂与泥质之分，可辨器形有陶鼎、罐、红顶碗、钵、杯、擂钵等。石器有石斧、石锛、石凿等。

第5层：褐灰土，夹有大量的红烧土块，厚0～0.4米。该层呈坡状分布于探方内中部至西壁，西高东低。包含有较多陶片和少量石器，可辨器形有陶鼎足、罐、盆、红顶碗、钵等；石器有斧、锛。

第6层：黑灰土，土质较硬，呈块状，厚0～0.35米。该层呈斜坡状，西高东低，分布于探方西部。包含有较多陶片。可辨器形有陶鼎、罐、盆、红顶碗、钵。

第7层：黄花土，土质较硬，呈块状，厚0.05～0.25米。西高东低，呈斜坡状分布于整个探方。包含有较多陶片，可辨器形有陶鼎、罐、碗、钵等。

西部地层，因农田改造被平整，地势较平，第1层耕土层，第2～4层即为新石器时代文化层。多数遗迹开口在第2层下。

第1层：耕土层，灰褐土，厚0.05～0.15米。土质较疏松。包含有少量现代砖瓦片、植物根茎和少量早期陶片。

第2层：灰黄土，厚0.1～0.3米。土质较松软，夹有少量红烧土粒。包含有较多陶片，以泥质陶为主，夹砂陶次之。可辨器形有陶罐、瓮和红陶钵。

第3层：灰黑土，厚0.1～0.2米。夹有草木灰、红烧土和少量石块。包含有较多陶片，可辨器形有陶罐、钵、鼎等。

第4层：黄花土，厚0.05～0.15米。夹有红烧土、草木灰和少量石块。陶片较少，以泥质黑陶、红陶为主，少量夹砂陶。可辨器形有陶罐、钵、鼎等。

遗迹有房址、灰坑、灰沟、瓮棺。

新石器时代房址27座。房址有圆形和方形两种。其中圆形14座，方形13座。方形房址打破圆形房址。

灰坑73个，其中新石器时代灰坑72个，六朝灰坑1个。灰坑有方形、圆形、椭圆形和不规则形四种。其中方形灰坑7个，圆形灰坑16个，椭圆形灰坑37个，不规则形灰坑13个。

灰沟有3条。其中新石器时代灰沟2条、六朝灰沟1条。均为不规则长条形。

新石器时代瓮棺23座。瓮棺有圆形和椭圆形两种。大部分瓮棺因平整土地遭到不同程度的破坏，保存较好的瓮棺葬具为两件陶器组合，用盆、钵、器盖和残罐底封口。瓮棺内骨架保存差。在W8西壁发现有猪和狗的下颌骨。

新石器圆形房址与方形房址（东—西）

新石器F17、F18（东北—西南）

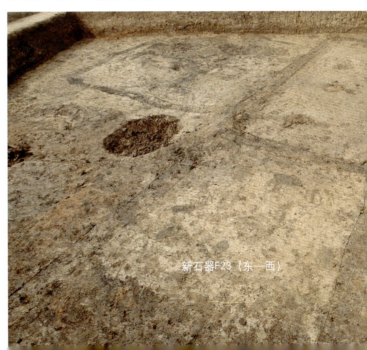

新石器F23（东—西）

新石器F8（南—北）

新石器H18（北—南）

新石器H14石块和陶缸片（东—西）

新石器H18陶钵与兽骨（东—南）

新石器F9（西—东）

地层和大部分灰坑出土遗物较少，除有少量陶杯和器盖能修复外，余为残陶片。修复的40余件陶器以瓮棺为主。陶器有鼎、罐、钵、豆、盆、缸、杯、器盖、纺轮和环等；石器较多，主要有斧、锛、钺、凿、环、网坠等。

新石器H8（西南—东北）

通过此次发掘，对郭家院遗址有以下初步认识：

①郭家院遗址规模较小，文化堆积比较单纯，发现的房址集中于南北向岗地的中部，其周围还分布有较多的瓮棺和较规整的圆形、椭圆形等灰坑，是一处典型的新石器时代小型聚落遗址。尽管房址仅残存基槽，但圆形房址被方形房址打破的层位关系显示，遗址的聚落结构存在一次比较大的改变。

②该遗址聚落结构的变化可能与考古学文化的变迁有关，出土的新石器时代陶器主要有鼎、罐、红顶钵、敛口瓮、盆、带流盆、双腹豆、杯、缸、器盖、纺轮等；石器主要有斧、

新石器W16、W15（西北—东南）

新石器W20（南—北）

新石器W8（东北—西南）

新石器W3（西北—东南）

新石器陶器盖（T0808③：1）

新石器陶带流盆（W20：1）

新石器陶杯（T1008③：3）

新石器陶钵（T1805④：1）

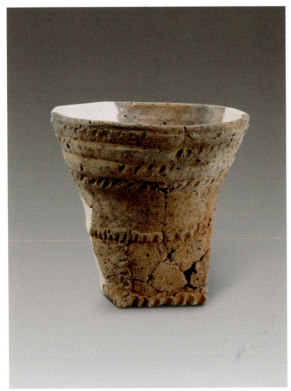

新石器陶带流钵（T1906④：1）

新石器陶方杯（F14：2）

新石器陶钵（W5：1）

新石器陶鼎足（T0806③：4）

新石器陶鼎足（T1010③：2）

新石器陶鼎（T1012④：24）

新石器小陶罐（H14：2）

新石器陶罐（W13：1）

新石器陶罐（T1010④：1）

新石器陶罐（W15：1）

新石器小陶罐（F14：1）

新石器石锛(T0911④：5)

新石器石锛(T1310③：6)

新石器石斧（T1308④：4)

锛、钺、凿、环、网坠等。这些遗物中，早期的红顶钵、带流盆、折沿罐、花边纽器盖等与朱家台类型（中原地区秦王寨文化）相似，反映出中原地区对汉水中游地区的影响。而晚期的双腹豆、缸等具有屈家岭文化的典型特点，其他遗存与屈家岭文化青龙泉类型一致，代表屈家岭文化对该地区影响的基本轨迹。

　　郭家院遗址位于长江流域和黄河流域交汇之处的汉江中游地区，郭家院遗址的发掘对于研究汉江中游新石器时代的区域性文化、黄河流域和长江流域的文化交流提供了重要的考古实物资料。

撰稿：胡文春　张成明

工地摄影：胡文春

器物摄影：余　乐

郧县青龙泉遗址王家堡区2008年的发掘

◎ 中国社会科学院考古研究所

青龙泉遗址位于郧县城东5公里的杨溪铺镇财神庙村五组，遗址坐落在汉江的北岸、玉钱山南麓的二级阶地上，南距汉江约300米，北距209国道约200米。梅子园区位于青龙泉遗址西部，地势中部高，四周略低，南部有一条自西向东流过的小河沟。

测图现场

中国社会科学院考古研究所于2008年承担了南水北调中线丹江口库区文物保护工程项目中的青龙泉遗址（王家堡区）的发掘任务，根据本年度的协议安排，我们从2008年3～7月对遗址进行了发掘，发掘面积近3000平方米。

发掘前我们对遗址进行了勘探，对遗址的堆积和埋藏情况有比较详细的了解，

遗址全貌（北一南）

省专家组到工地检查指导工作

南部发掘区现场（西—东）

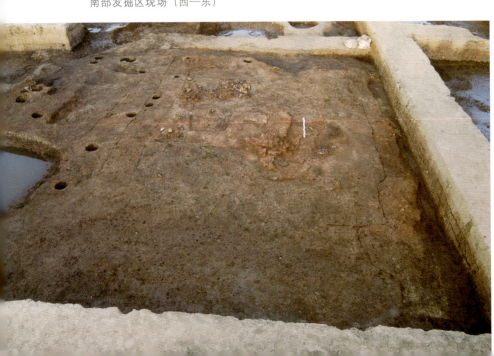

F1（西—东）

同时绘出勘探探孔位置图，记录每个探孔内的堆积情况。用全站仪对遗址进行了详细的测量并绘出1∶1000的地形图。

在发掘过程中严格按田野考古操作规程的要求做到按每一层面的遗迹、遗物的叠压和打破关系逐层清理，重要的遗迹现象全部揭露并清理。发掘过程中注意提取^{14}C测年标本、浮选土样标本、动植物标本及石器、骨器加工过程中产生的废弃物标本。同时我们计划进行柱状取样来获取孢粉和植硅石的标本，尽可能地获取完整、丰富、详细的标本来复原当时的古气候、环境、地貌及经济形态等内容。

遗址地层堆积分为7层。

第1层：丹江口库区蓄水后形成的淤土层，呈浅灰色细粉沙土，厚0.2～0.5米。

第2层：近代层或水库形成前的耕土层，呈黄褐色粉沙土，厚0.15～0.25米。

第3层：扰土层，为近现代人类活动所破坏的地层，为黄色黏土，厚0.1～0.7米。

第4层：文化层，灰褐色黏土，内含大

H45局部（北—南）

量红烧土颗粒和炭粒，遗迹、遗物比较丰
富。厚0.2~0.35米。属青龙泉三期文化地
层堆积。

第5层：文化层，黑褐色黏土，内含少
量木炭屑和红烧土颗粒。出土遗物丰富，厚
0.1~0.3米。为青龙泉三期文化地层。

第6层：文化层，黄褐色黏土，内含
大量红烧土块和炭粒，内含少量遗物。厚
0.2~0.25米。

第7层：文化层，黑褐色土，该层仅在
部分探方内有分布，厚0.1~0.15米。

第7层下大部分探方到地下水的水位遂
停止发掘。

该遗址发现的遗迹以新石器时代为主，
主要有石家河文化的方形和长方形房址4
座，各类灰坑74座，灶2座，陶窑1座，墓葬
37座（其中瓮棺葬14座，宋墓1座）。

目前统计各类小件370多件。可复原陶
器约150件。出土遗物中以陶器残片为最多
且种类丰富，陶质分夹砂和泥质。以泥质陶

H49（北—南）

Z1（东南—西北）

M18（西南—东北）

W11（北—南）

W4（南—北）

陶杯（H8：7）

彩绘陶杯（H4：10）

居多，夹砂陶次之。泥质陶可细分为泥质橙黄陶，泥质黑、灰陶，泥质红、灰、黑皮陶等。夹砂陶可分为红陶、红褐陶、褐陶、灰陶等。

最主要且有代表性的器物有平底袋足鬶、鱼鳍形足鼎、罐形鼎、弦纹盆形鼎、扁条足釜形鼎、横篮纹大口尊、素面磨光高领罐、花瓣圈足篮纹罐、敞口尖唇薄胎红顶碗、圈足盂、斜方唇碗、敞口厚胎杯、花瓣形纽器盖、镂孔粗圈足浅盘豆和大量陶纺轮等。在一件大口尊的腹部发现有刻划符号。

生产工具有石、骨、角器以及陶器等，以石器为主，多为磨制，也有部分打磨兼制。石器主要器形有斧、铲、锛、圭形凿、矛、刀、镞、杵、磨石等。骨角器有锥、镞、针、鹿角

陶钵 (H51：11)

陶鼎 (TS2E28⑤：1)

陶豆 (M7：1)

陶大口尊 (H33：5)

陶豆（F1：2）

陶鬲（TS2E31④：1）

陶罐（H6：9）

陶壶（H33：2）

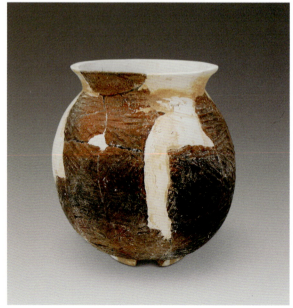

陶罐（W5：1）

陶碗 (H6∶16)

陶碗 (H51∶12)

陶杯 (M18)

等。其他遗物有猪、狗、牛等家畜的骨骼以及鹿骨、兽牙、鱼骨等。

　　2008年我们按计划发掘了青龙泉遗址（王家堡区），清理了一批重要的遗迹和遗物，特别是清理了一批石家河文化的房址、墓葬、灰坑、祭祀坑等遗迹，出土成组的陶器和石器等，为我们复原当时的社会形态和生活状况提供了新的资料。

　　在王家堡区发掘的区域主要集中埋藏的是属于石家河文化的遗迹和遗物，该区域的堆积厚，而且遗迹丰富，表明该时期的人类在此生活和居住了相当长的时间。

　　通过发掘，我们对青龙泉遗址的内含有了新的认识，即石家河时期的人们当时已经具有了高度发达的农业、家畜饲养业和渔猎等，该区域位于汉江的冲积平原上，土质肥沃，利于农耕，有粟类作物；在墓葬中发现有随葬猪下颌骨，表明猪已被大量饲养。渔猎是当时人们

石锛 (H6：1)　　　　石凿 (H3：3)　　　　　石斧 (H7：32)　　　　　　石刀 (H2：1)

经济生活的必要补充，这从发现的大量鱼骨中可以得到佐证。

原始手工业非常发达，特别是制陶和制石。在遗址中发现大量石器半成品和加工石器时残留的废弃石块，这些废料一般分布在房址附近，表明青龙泉遗址（王家堡区）的这批房址与石器加工场所有关。

在一件大口尊的口沿下部发现有刻划符号，这种现象也出现在山东大汶口文化陵阳河和安徽蒙城尉迟寺等遗址中，表明两种文化间可能存在某种联系与交流。

撰稿：梁中合　付仲杨

摄影：付群启

郧县青龙泉遗址梅子园区2008年的发掘

◎ 湖北省文物考古研究所
　武汉大学考古与博物馆学系

青龙泉遗址位于郧县杨溪铺镇财神庙村五组，西距郧县县城约10公里。地处汉江北岸、玉钱山南麓的二级台地上。青龙泉遗址由梅子园和王家堡两处地点构成，两遗址中间由一条南北向的洼地隔开，梅子园在西，王家堡在东。其中梅子园遗址为一圆形台地，地势略高于王家堡遗址，面积约3万平方米，文化层厚约1.5～2米。王家堡遗址属河漫滩地形，北部略高于南部，面积约3.5万平方米，文化堆积厚约1～7.5米。

1958～1962年，为配合丹江口水利枢纽工程，中国科学院考古研究所对遗址进行了多次发掘，发掘面积1144平方米，并出版了发掘报告《青龙泉与大寺》。遗址内"仰韶"、屈家岭、石家河三叠层为建立该地区新石器时代文化序列以及探讨江汉平原与中

发掘现场

遗址探方分布与外景

原史前文化的相互关系提供了重要资料。

2006~2007年，为配合南水北调中线工程，湖北省文物考古研究所对梅子园遗址进行了大规模发掘，揭露面积2581平方米，收获颇丰，目前资料正在整理中。

2008年4~10月，2008年南水北调工程湖北库区田野考古培训班和武汉大学考古与博物馆学系2006级本科实习师生先后对该遗址进行了连续发掘。本次发掘区位于青龙泉遗址梅子园地点的北部，共开5米×5米探方64个，发掘面积1600平方米。清理了新石器时代房址26座、灰坑131座、灰沟12条、墓葬59座（包括土坑墓44座、瓮棺15座）、陶窑3座、灶8座、烧土堆积13个，并获得大量陶、石、骨、玉质小件器物及标本。

此次发掘区域地层一般分为6层，文化层平均深度约1.5米，由于渗水，部分探方未能发掘至底。现以T0207与T0208东壁为例，共分6层。

第1层为浅灰色沙土，土质疏松，厚约0.4~0.6米，为丹江口水库建成后形成的淤土层。

第2层为灰褐土，土质较疏松，厚约0.05~0.1米，为丹江口水库形成前的近现代表土层或耕土层。

第3层为红褐土，土质较硬，厚约0.2~0.4米。出有少量石器、动物骨骼，陶片丰富，可辨器类有鼎、罐、盆、碗、钵、豆、甑、杯、擂钵、鬶、斝等，为石家河文化堆积层。

第4层为黄褐土，土质较疏松，夹杂大

筛选土样

屈家岭文化H838（东南—西北）

屈家岭文化F115（西北—东南）

量红烧土块，厚约0.2～0.45米。出有较多石器、动物骨骼和陶片，陶器器类有鼎、罐、盆、碗、钵、豆、杯、壶、盂形器等，双腹器较多见，为屈家岭文化堆积层。

第5层为黄灰土，土质疏松，夹杂少量红烧土块，厚约0.05～0.3米。出土遗物较丰富，可辨器形有鼎、钵、罐、瓮等，为朱家台文化堆积层。

第6层为灰黑土，部分呈黑灰色，土质疏松，厚约0.05～0.2米。出有较多的陶片，可辨器类有鼎、罐、盆、钵、杯等，与第5层出土物类似，为朱家台文化堆积层。

通过研究可知该遗址文化内涵可分四期，分属朱家台、屈家岭、石家河以及乱石滩文化四个时期。

朱家台文化遗存　朱家台文化遗存是本发掘区的主体堆积，文化层普遍有2～3层，但部分探方未发掘至底。第一期遗迹数量较多，包括房址18座、灰坑29座、墓葬3座（皆瓮棺）、灰沟2条、灶1座、烧土堆积6个等。以F109、W69为例。

F109，位于T0309，开口于第4层下，打破第5层，被H801、H799打破。平面呈圆形，南北径2.1、东西径1.9米。地表面垫一层烧土块或渣，中间铺一层砂土，底部垫一层较厚的红烧土块。围绕居住面有18个柱

朱家台文化T0309（东—西）

屈家岭文化H877（南—北）

洞，大小不一，直径在8～20、深2～20厘米之间，均以烧土填实，房址西部两个柱洞间距较大、应该是出入门道。

W69，位于T0105，开口于第4层下，打破第5层。圆形，锅底，口径0.4、深约0.17米。折沿陶罐竖置，红顶钵叠放其上，葬具内骨骸无存，无随葬品。

朱家台文化常见器形有陶鼎、鼓上腹折沿罐、高领罐、敛口红顶钵、瓮等。

石家河文化H846

石家河文化M197（南—北）

屈家岭文化遗存　屈家岭文化几乎遍及发掘区，文化堆积厚，遗迹、遗物丰富。遗迹有房址5座，灰坑43个，墓葬6座（包括土坑墓5座、瓮棺1座），灰沟4条，陶窑2座、灶1个、烧土堆积1个。现以F115、H838、H877为例。

F115，位于T0610，开口于第3层下，打破第4层。平面呈长方形，长0.45、宽3.5米。门东向，以红烧土为垫面，厚约0.3米，基槽深0.3、宽0.3米。基槽上有近圆形柱洞16个，底部摆放有柱础石，房内中心发现柱洞1个，直壁平底，深0.3米，底有柱础1个。

H838，位于T0512西南部，开口于第4层下，打破第5层、S2。平面近长方形，长0.76、宽0.23~0.3米。斜壁，平底。填土为灰黑色土，夹大量草木灰及红烧土，包含有少量陶片，重要遗物是一具狗骨架，保存完整，侧身摆放，头向245°。H837与H838层位一致，均建于S2之上，近长方形，埋葬有猪骨架，推测这两个灰坑应是一组年代相当的祭祀遗迹。

H877，位于T0207东南角，部分伸入T0206北隔梁。开口于第3层下，打破第4层。平面呈圆形，弧壁，锅底，直径1.9、深0.5米。填土可分两层：第1层为黄灰土，夹杂大量红烧土颗粒；第2层为黑灰土，土质疏松。可辨器形有缸、红顶钵、凹面鼎足、盆、折沿罐等。

屈家岭文化主要器形有斜方唇红顶钵、双腹盆、双腹鼎、折沿罐、高领罐、斜腹杯、花边形器盖、纺轮、网坠等。

石家河文化遗存　石家河文化地层较为简单，除部分探方外均只有一层，遗迹、遗物丰富，尤以墓葬为多。遗迹有房址3座，灰坑48个，墓葬49座（包括土坑墓39座、瓮棺10

座），灰沟5条，窑1座，灶5个，烧土堆积6个。现以H846、M197、M237、W59为例。

H846，位于T0110，开口于第2层下，打破第3层。平面呈椭圆形，斜壁平底袋状，坑口长径1.8、短径1.4米，深0.66米。填土呈黑色，土质较疏松，夹少量红烧土颗粒及黄土块。出土少量陶片，可辨器形有鼎足、红顶钵、盆等。

M197，位于T0508东北部，开口于第2层下，打破第3层。为长方形土坑竖穴墓，二人合葬，墓口长1.7、宽0.9米，深0.1～0.16米。仰身直肢，左侧人骨面朝上，右侧人骨面向左。左侧为45岁左右男

石家河文化W59（南—北）

性，右侧为30～45岁女性。人骨保存较完整，颅骨稍有残损，推测为二次葬。无随葬品。

M237，位于T0106，开口于第2层下，打破第3层。墓向25°。长方形土坑，长2.1、宽0.74、深0.24～0.36米。墓主为35～40岁的男性，头向北，面向东，仰身直肢，一次葬。随葬猪下颌骨7付。设有腰坑，置有陶罐和红顶钵，罐内出有幼婴骨骸，编号为W72。M237和W72共同组成一种特殊的合葬墓。同类合葬墓还有M203、M233，共3座。

W59，位于T0609，开口于第2层下，打破第3层。圆形，弧壁锅底，直径0.4、深0.3米。墓坑内填充灰黑土。葬具为折沿罐，出土时较破碎。保存有少量人骨，腐朽较严重。无随葬品。

石家河文化主要器形有盆形鼎、折沿罐、高领罐、釜、瓮、尊、缸、碗、盆、杯、鼓棱口红顶钵、豆、器盖、斝等。

乱石滩文化Z8（北—南）

朱家台文化小陶鼎（T0207⑥：15）

朱家台文化W69葬具组合

屈家岭文化陶缸（H866：1）

乱石滩文化遗存　未发现地层，仅有少量遗迹，遗物亦不丰富。遗迹主要分布在西北、西南、东南几个探方，主要有灰坑11个、灰沟1条、墓葬（瓮棺葬）1座、灶1个。另外部分探方第2层发现有少量遗物。现以Z8、H883为例。

Z8，位于T0212，开口于第2层下，打破H883，平面大致呈椭圆形，由火道、灶膛两部分组成。火道口向北，长约0.45、宽0.35、深0.25米；灶膛呈椭圆形，长约0.9、宽0.75、深0.3米，火道及灶膛两侧烧结。灶内填土呈黑灰色，土质疏松。出土较多陶片，可辨器形有广肩罐、釜、盘、红顶钵、杯等。

H883，位于T0212东南角，东面部分在东隔梁内，南面部分伸入T0211北隔梁。开口于第2层下，打破第3层，该灰坑被Z8打破，并打破F131及S6。平面呈椭圆形，斜壁近平底，坑口南北长约2.3、东西宽约1.95米，深约0.45～0.5米。填土为灰黑土，土质疏松。出土陶片较多，可辨器形有豆、高领罐、斝、花边底器盖、缸等。

该遗址发现一批丰富的早于屈家岭文化的遗存，《青龙泉与大寺》将其归入仰韶文化。此期遗存以盆形鼎、罐形鼎、折沿罐、红顶钵、带流盆、花边器盖等为典型器物组合，自身的文化特色鲜明，明显有别于年代相当的中原地区仰韶文化晚期遗存以及江汉平原的油子岭文化，广泛分布于鄂西北豫西南地区，应从仰韶文化中区分出来，已有不少学者称之为朱家台文化。

　　该遗址文化内涵以屈家岭、石家河文化遗存为主，此次发掘进一步丰富了鄂西北地区屈家岭文化和石家河文化的文化内涵。该遗址还新确认了一批乱石滩文化的遗迹，年代晚于石家河文化，出土遗物也较丰富，为研究该地区"后石家河文化"时期的文化格局以及中原与鄂西北地区的互动提供了新的资料。

　　值得一提的是，本次发掘还确认了一种比较特殊的石家河文化埋葬习俗——少(婴)儿瓮棺以腰坑的形式与成年人土坑墓进行二次合葬，共发现3例。这些腰坑所出陶器中均出有少

屈家岭文化陶盆形鼎（G28：15）

屈家岭文化陶罐形鼎（T0608④：3）

屈家岭文化陶壶形器（M226：1）

屈家岭文化陶双腹豆（H873：1）

屈家岭文化陶刻槽盆（H890：1）

屈家岭文化陶双腹豆盘（G30：1）

石家河文化花瓣足小陶罐（G35②：12）

石家河文化M233腰坑葬具组合

石家河文化陶杯（G35②：11）

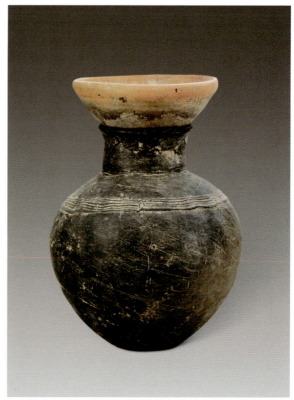

石家河文化W71葬具组合

石家河文化陶擂钵 (T0609③:7)

石家河文化陶盆 (T0305③:9)

乱石滩文化陶圈足盘 (T0407②:4)

乱石滩文化陶小罐 (Z8:4)

乱石滩文化陶高领广肩罐 (Z8:5)

(婴)儿骨骸，而且这些陶器与一般瓮棺葬具组合完全一致，细部特征也相同，如红顶钵底部有穿孔等；土坑墓则均为一次葬，墓主为成年男性。可以认为腰坑中的瓮棺应是墓主下葬时有意合葬的。这为探讨石家河文化埋葬习俗以及腰坑葬俗的起源、发展提供了宝贵材料。

撰稿：陈明辉

摄影：陈明辉

郧县店子河遗址

◎ 武汉大学考古与博物馆学系

后岗一期文化H98

店子河遗址位于郧县青曲镇店子河村，西南和韩家洲隔江相对，文化堆积主要分布于汉江北岸的二三级台地上。遗址中心地理坐标为东经110°39′，北纬32°46′，海拔150～158米。为配合南水北调文物保护工程，武汉大学考古博物馆专业于2008年11月开始对店子河遗址进行了第一次考古发掘，2009年5月结束。发掘分两区，西部为I区，东部为II区，发掘面积3275平方米。

店子河遗址堆积丰富，最厚达5米左右，时间跨度大，出土遗物丰富。主要有后岗一期文化、乱石滩遗存、二里岗文化、东周时期、汉代、魏晋、唐代的文化遗存。出土遗物有石器、陶器、铜器、骨器、银器等。经初步整理，可复原器物有80余件。

发掘区II区全景（北—南）

后岗一期文化主要分布于Ⅱ区中部。主要遗迹有墓葬1座、灶1个、陶窑2座、灰坑20个。墓葬为土坑竖穴，仰身直肢，无随葬品；陶窑规模较小，由操作坑、火膛、窑室三部分组成。后岗一期遗存陶器以泥质红陶为主，夹砂红陶次之，绝大多数素面，有少量弦纹。器形有鼎、钵、罐、盆、壶、支座等；石器主要为石斧。其中H98性质特殊，在灰坑的底部发现鼎、罐、钵等陶器，部分陶器有火烧的痕迹。店子河遗址后岗一期遗存文化面貌与郧县朱家台相似。

汉W3

乱石滩遗存仅在Ⅱ区发现灰坑1个。出土陶器以夹砂灰褐陶居多，泥质灰胎黑皮陶次之，纹饰以篮纹为主。器形有圈足盘、釜、鼎、盉、罐等。文化面貌与宜都石板巷子相似。

二里岗文化仅在Ⅱ区发现灰坑1个。出土陶器、骨器等。陶器以夹砂灰陶为主，泥质灰陶次之；纹饰以绳纹为主，篮纹次之。器形有鬲、甗、盆、尊、簋等。文化遗存文化面貌与偃师商城三期相似。

东周文化遗存分布于Ⅱ区。发现灰坑28个。出土陶器以夹砂灰陶、夹砂红褐陶为主，纹

汉Y1

汉瓦当（T071⑥：20）

汉弩机（H14：3）

汉瓦当（T0402⑤：1）

汉弩机（H14：3）

饰以间隔绳纹为主，弦纹次之。可辨器形有鬲、盂、罐、豆、盆、甑、瓿、壶等。其中H78可能为窖穴，出土一组完整陶器，有盆2、甑1、壶2、瓮1。东周遗存主要集中在战国中期，文化面貌与宜城郭家岗、郧县辽瓦店子、襄樊真武山文化面貌相同。

汉代文化遗存在发掘区普遍分布。发现陶窑6座，瓮棺葬13座，灰坑50个，灰沟12条。陶窑规模较大，最大的长达7米，由操作坑、火膛、窑室、烟囱四部分组成。瓮棺葬葬具均为陶罐，有的在罐上扣一陶盆、器盖或板瓦，有的扣器盖和盆，有的无随葬品。汉代文化遗存出土有铜器、陶器等。铜器有弩机、镞、铜钱、盆等。陶器以泥质灰陶为主，纹饰以绳纹为主，素面次之。器形有盆、罐、瓮、器盖、支座、纺轮、网坠等，另外出土大量瓦当，以卷云纹瓦当为主。

六朝墓葬2座，唐代墓葬4座，砖室墓，均被盗。六朝墓葬出土有陶壶、陶碗和五铢铜钱、四乳四虺铜镜等。唐代墓葬出土有开元通宝铜钱、铜带扣、银簪等。

魏晋M8

魏晋M7

　　店子河遗址文化堆积丰富，其后岗一期文化、二里岗文化遗存的发现，丰富了丹江口库区的文化遗存，尤其是后岗一期文化遗存的发现，对研究该地区后岗一期文化提供了重要材料。

　　　　　　　　　　　　　　　　　　　　　　　　　撰稿：余西云　宋海超

郧县辽瓦店子遗址2007年的发掘

◉ 湖北省文物考古研究所

    辽瓦店子遗址位于郧县柳陂镇辽瓦村的四组，中心地理坐标为东经110°41′49″，北纬32°47′18″，海拔153～174米。遗址地处汉水南岸、巴山余脉三个丘陵河滩阶地上，面积约3万平方米，保存较好，为县级文物保护单位。1994年调查发现，2004年复查时认定为西周—汉代遗址，作为南水北调中线工程文物保护规划的重点发掘项目，拟定发掘面积9000平方米，勘探面积7500平方米。2005年7～8月，省文物局委托河南省文物考古勘探中心对遗址进行了全面勘探，勘探面积达23万平方米，确认遗址分布范围为10万平方米，文化堆积丰富区达5.3万平方米。2005～2006年，武汉大学考古与博物馆学系对遗址北部靠近江边的位置发掘了4000平方米，发现了一批新石器时代晚期、二里头文化时期、商周时期的堆积和文化遗存。

    2007年，根据湖北省文物局的工作安排，湖北省文物考古研究所再次对该遗址进行了发掘。领队由孟华平担任，工地具体事务由周国平负责。自3月19日开始布方发掘，布10米×10米探方20个，5米×10米的探方2个，按照5米×5米的规格控制发掘。整个发掘工作于10月10日结束，实际发掘面积为2100平方米。

    2007年的发掘表明，该遗址包含有二里头时期、商代、西周、东周、西汉、唐宋等文化时期遗存。其中商代和西周时期暂时不见地层堆积。具体情况是：整个发掘区共有地层堆积

遗址全景（东南—西北）

探方分布（东—西）

13层：1～6层为现代堆积，1层为耕土，2、3层为现代淤沙层，是1973、1974年连续汉江涨水淤积形成。4～6层为20世纪60年代前房屋搬迁后的废弃堆积；7层为唐宋时期堆积，很纯净的黄黏土，仅仅分布在西南几个探方，少见唐宋时期砖瓦；8层为灰黏土，含少量细沙，分布在整个发掘区，北部较厚，南部稍薄，为西汉时期堆积，出土有大量西汉筒瓦、板瓦以及少量盆、甑等陶片；9～10层为东周时期文化堆积。9层为灰褐沙土，含大量草木灰，特别是底部有一层草木灰堆积，分布在除东北几个探方北部外的整个区域，出土有大量东周时期的遗物。10层为含细沙的褐灰色黏土，分布在自西往东南直至中部的探方，东南、东北的部分探方不见分布。出土少量东周时期遗物；11～13层为二里头时期文化堆积，11层分布范围较大，除北部几个探方北部、东南几个探方不见分布外，其余探方均有发现，土色黄褐，黏

二里头文化Y1（南—北）

二里头文化M12（东北—西南）

土，含沙少。发现少量细碎陶片；12层为细黄沙土，目前仅见分布在北部探方，有少量陶片；13层，浅黄花土，含草木灰和烧土颗粒，目前仅在北部几个探方有分布，且堆积较薄、零散。13层以下即为黄沙生土，不见包含物。

本次发现的遗迹有灰坑、灰沟、水井、窑址、环壕等，其中灰坑191个，灰沟22条，水井9个，陶窑1个，方形环壕1个。不见房屋遗迹。墓葬14座，瓮棺2座。出土遗物种类比较单一，主要是陶器，有少量石器、骨器、铁器等。

遗迹和遗物都以二里头文化时期、东周时期为主，其次是西汉时期。还有少量的商代、西周和唐宋时期遗存。

（1）二里头文化时期　遗迹有灰坑、墓葬、瓮棺、灰沟四类。灰坑较多，平面多为不规则形。墓葬仅有2座，随葬有盘、瓮、豆等。瓮棺葬均残，以陶釜装婴儿骨骸下葬，盖以陶盘。灰沟均为冲积形成，出土物较多、零碎。遗物以陶器居多，陶片以夹砂和泥质灰陶为主，纹饰以绳纹和篮纹为主体。器形有鼎、釜、鬲、深腹罐、豆、圈足盘、鬶等。

（2）东周时期　遗迹绝大部分为灰坑、水井和灰沟，填土以灰黑沙土为主。灰坑多不

二里头文化W2（南—北）

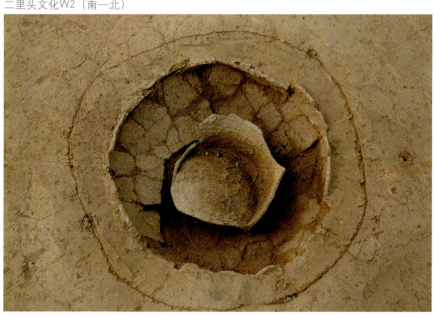

二里头文化陶杯（H179）

二里头文化陶盂形器（G21：7）

二里头文化陶双耳鬲（H187）

二里头文化陶瓮（H183）

二里头文化陶罐（G22）

二里头文化陶深腹罐（H156）

二里头文化陶瓮（M12：1）、圈足盘（M12：3）

二里头文化陶深腹盆（H183）

二里头文化陶器座（T1205⑪）

二里头文化陶圈足盘（T1205⑪）

二里头文化陶釜（T1106⑪）

东周H102、H103打破关系（北—南）

东周H43、H44平面关系（南—北）

东周H153及其出土陶器（北—南）

东周H97坑壁工具痕迹（西—东）

规则浅坑。目前仅仅发现一座墓葬，不见随葬品，西北—东南向。出土遗物丰富，以陶器为大宗，也有少量石器、青铜器、铁器以及动物骨骼。陶器以夹砂灰陶、红陶为主，绳纹占主体，器形有鼎、鬲、盂、罐、豆、盆、甗等。

（3）西汉时期　分布在整个发掘区，此层对东周时期堆积破坏比较严重，大量东周陶片掺杂其中，而西汉遗物不是很多，只见有筒瓦、板瓦和盆、甑、豆等。西汉遗迹有少量灰坑、灰沟、水井，还有一座比较大的环壕遗迹，面积达500平方米，基本呈东西向，倒梯形状，底部见有一层淤沙。环壕范围内只发现有带井圈的水井以及形状不规整的灰坑若干。还有一座没有随葬品的圆坑形墓葬。

（4）商代和西周时期　没有地层堆积，分别发现1个和2个灰坑，出土物极少，均为零碎陶片。

（5）唐宋时期　仅仅在西南部发现9座残破墓葬，均为砖室墓，方向基本一致，为西北—东南向，不见随葬品。

分析遗址的相关资料，我们得出以下初步认识：

（1）从我们现在发现的东周时期遗存看，与2005、2007年比较，新发现了一批属于春秋中期前后以夹砂红褐陶系为主的遗存，与前两年出土的材料有了更好的衔接，更清楚地看出楚文化在该遗址的发展轨迹。其次，在东周时期的灰坑、水井填土中，经常发现较为完整的陶器，似乎说明，该遗址

东周J8填土出土陶器（南—北）

西汉西环壕北段（南—北）

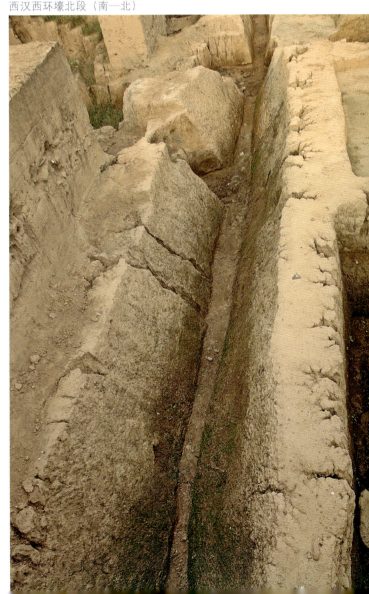

西汉M8打破环壕（西—东）

西汉J3（东—西）

唐宋M3（东—西）

东周时期的人们使用陶器时间不长，或者说，这个时期在此居住时间很短。

（2）从二里头文化、商、西周文化遗存看，文化面貌和中原地区十分接近，但是，东周时期的文化面貌呈现出典型的楚文化特色，自春秋中期开始，这里已经完全属于楚国的势力范围，而辽瓦店子遗址的东周遗存最繁荣的时期应该是春秋晚期或者战国早期，西汉时期也是比较繁华的时期，只是后期破坏比较严重，保存下来的遗迹、遗物很少。

（3）目前，三个年度发掘出了几十座不同时期的墓葬，只有几座有随葬品，除了少数属于未成年人的瓮棺葬外，其余都是成年人墓葬，分散分布在遗址的各个区域。我们推测，遗址各时期也许不存在专门的墓地。

撰稿：周国平

摄影：周国平　胡文春　余　乐

郧县李泰家族墓群2007～2008年的发掘

◉ 湖北省文物考古研究所

郧县李泰家族墓群位于郧县城关镇东1公里处的菜园村一组，古名"马檀山"。墓地面积近30万平方米，是南水北调郧县淹没区的重点考古项目。为配合南水北调工程建设，根据湖北省文物局的统一安排，2006年11月～2007年2月，湖北省文物考古研究所对该墓群进行了第一次发掘。2007年5月～2008年1月，湖北省文物考古研究所对该墓群进行了第二次抢救性考古勘探和发掘。在整个墓地的东区开展了12500平方米的勘探，发现一片砖室墓墓葬区；同时，在Ⅲ、Ⅳ象限全站仪布的50米×50米的勘探方内布10米×10米探方进行发掘，发掘面积2917平方米，发现地层堆积4层，墓葬104座，出土了一大批新石器时代晚期、东汉至明清时期的文物。

新石器时代遗存　文化层为3、4层，灰坑2个。新石器时代遗存分布范围小，堆积薄，两层都含灰白土，土质细密，含沙性，包含物少，只出土鼎、罐、盆形活算甑等陶器残片和锛、刀等石器。时代为新石器时代的龙山晚期。灰坑以H2为例。

H2，开口于第1层下，被M86打破，打破生土。平面形状不规则。坑口距地表深0.35～0.38米，长3.72、宽3.22、深0.58米。坑壁弧，底呈斜坡状。坑内填土为灰黑土，局部含少量灰烬、红烧土颗粒和石块。包含物以陶片为主，陶片以泥质灰陶居多，夹砂红

新石器石锛（IVT0235③：1、2、3）(左一右)　　　　新石器石锛（H2：1）

陶次之。纹饰以绳纹、弦纹为主。器形有陶鼎足、盆形活箅甑和石锛、残石刀等。

东汉墓葬　开口于第1、2层下，共6座，与已发掘的M1集中分布在发掘区北部平坦地带，7座墓葬有规律地呈两片分布，为典型东汉时期的家族墓地，与郧县老幸福院东汉公共墓地有别。7座墓葬均为带斜坡墓道的土圹砖室墓，其中4座为带甬道的单室墓，另3座为前后室的双室墓。时代为东汉早期偏后至东汉晚期。以M56为例。

M56，开口于第1层下，打破第3层，墓道被M61、M62打破，封土局部保存。为同茔异穴合葬墓。M56-Ⅰ由斜坡墓道、甬道和墓室组成，墓室长3.52、宽2、残深1.48米，墓葬被盗，随葬器物仅剩铜、陶器6件；M56-Ⅱ由斜坡墓道和狭长墓室组成，墓室长4.1、宽1.16～1.26、深1.22米，　M56-Ⅱ保留了部分拱形券顶，未被盗。随葬品共20件，质地包括金、银、铜、铁、漆、陶和铅锡小构件，器类为壶、仓、灶、罐、灯、镜、釜、刀和指环等。东汉砖室墓盗扰严重，此墓为我们研究同期同等级墓葬随葬品的组合情况提供了科学的依据。

明清墓葬　有98座，都是小型竖穴土坑墓。墓坑一般长1.65～2.64、宽0.33～1.36米。出土随葬品有陶罐、瓷碗、契砖和玉指环、铜钱、铜簪等。墓葬开口于第1、2层下，墓口平面近长方形，头端稍宽，其中合葬墓12座，包括同穴合葬和异穴合葬，有打破关系的墓葬8组16座，无随葬品的墓葬30座，零散分布整个墓地，未发现葬具和遗骨痕迹的墓葬4座，集中分布在发掘区的东边。有头部枕瓦和棺底铺草木灰、石灰及人骨周围摆放圆木炭的葬俗，特别值得一提的是还有4座有火葬遗迹的墓葬。明清墓葬大

新石器H2

致呈块状分布，两两并列的墓葬较多，根据性别、年龄的鉴定结果和随葬品的年代，分析为夫妇异穴合葬墓（前文提到的异穴合葬不包括此类）。根据以上介绍的98座明清墓葬的分布规律、随葬品的种类以及葬制葬俗的特点，整个墓地应为公共墓地。

M89，开口于第1层下，打破生土。墓向335°。土坑竖穴墓，墓口呈北宽南窄的梯形。墓口距地表深0.4米，长2.4、宽0.5～0.8、残深0.68～0.72米。墓坑四壁陡直，壁面平滑规整，坑底平坦，坑底大小与墓口同。填土为灰褐土，质地紧密，坑底堆积2～2.5厘米厚的灰黑土夹木炭块，土质松散，出土有数枚锈蚀的棺钉。葬式为仰身

东汉陶罐（M56-Ⅱ：10）

东汉陶双耳罐（M56-Ⅱ：13）

东汉M56墓室全景（南—北）

直肢，面朝上。头骨底及两侧为9块板瓦垒成的瓦台，头骨及上下肢骨两侧放圆木炭，紧贴人骨。随葬品为24枚铜钱，分布人骨周围，为"景德元宝"、"天圣元宝"、"治平元宝"、"熙宁元宝"、"天禧通宝"、"祥符通宝"等北宋钱币。时代为明代。

M19，开口于第1层下，打破生土。墓向325°。土坑竖穴合葬墓，墓口平面呈"凸"字形。墓口距地表深0.22米，长

东汉陶仓（M56-Ⅱ：15）

东汉陶盘口壶（M56-Ⅱ：19）

东汉陶灶（M56-Ⅱ：11）、陶釜（M56-Ⅱ：12）

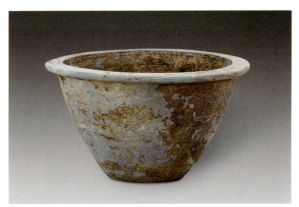

东汉陶甑（M56-Ⅱ：9）

东汉铜铺首（M56-Ⅱ：18）

东汉铜镜（M56-Ⅱ：14）

东汉铜带钩（M56-Ⅱ：1）

东汉铜釜（M56-Ⅱ：6）

东汉铜圈（M56-Ⅱ：7）

东汉铜铃（M56-Ⅱ：5）

东汉金环（M56-Ⅱ：4）、银指环（M56-Ⅱ：17）

东汉铜耳杯、灯（M56-Ⅱ：3）

东汉铜刀 (M56-II：8)

东汉花纹砖 (M56-II)

明M44

明M89墓室局部

明M19墓室局部

明铜环（M19：4）、铜簪（M19：5）

2.3、宽0.64～0.76、残深0.58米。西壁凸出部分长1.3、宽0.48米。墓底长宽与开口相同。填土为红褐土夹灰黄土斑，质地略松软，包含物有青灰碎砖及瓦块等。头骨下枕三块板瓦，凹面向上平铺，头骨两侧各有三块板瓦凹面向下平铺。人骨下有一层石灰，厚约3厘米，石灰下为一层厚约2厘米的草木灰。葬式为仰身直肢，头朝北，面向上。葬具从腐烂痕迹看为头端稍宽的木棺。随葬品为2件青花瓷碗、2件釉陶筒、2件铜环、1件铜簪。时代为明代。

明青花碗（M19：5、M19：1）

　　M44，开口于第2a层下，打破生土。墓向326°。长方形竖穴土坑墓，平面近长方形，东南部被近代坑破坏。墓口距地表深0.42～0.85米，长2.28、宽0.6～0.91米。填土为褐色、灰色及红色土混合的花土，质地密，略黏。头下为两块凹面向上的板瓦，两侧各有两块青瓦，都是有一块凸面向上竖着平铺，另一块凸面向内竖立。骨架下有一层厚约6厘米左右的灰白土，灰白土下为4厘米左右厚的青灰土。青灰土下为褐色生土，质密。葬式为仰身直肢，头向北，面朝上。葬具为木棺，已腐烂。随葬器物有1件瓷碗、1件釉陶筒、1对玉环、1方陶契砖和北宋钱币"元丰通宝"。1方陶契砖与同墓地M37的相似，M37随葬品中有明代

明青花碗（M44：1）　　　　明青瓷碗（M87：1）

明陶契砖（M44：5）　　　明玉环（M44：3、4）

明釉陶筒（M19：2）　　明釉陶筒（M44：2）　　明釉陶筒（M19：6）

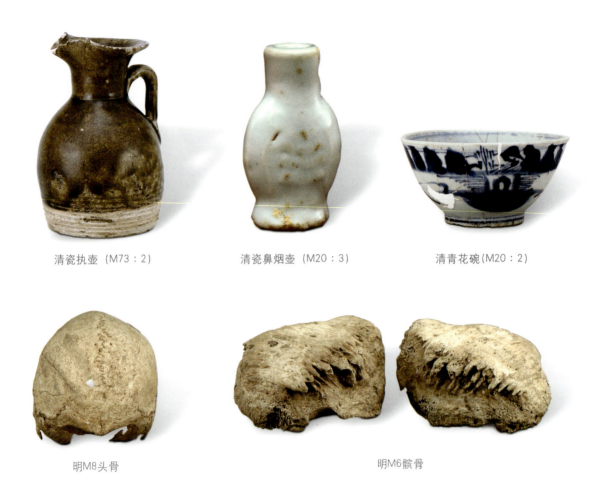

清瓷执壶（M73：2）　　　　清瓷鼻烟壶（M20：3）　　　　清青花碗(M20：2)

明M8头骨　　　　　　　　　　　明M6髌骨

的"万历通宝"铜钱，推测M44的时代为明代。

M11，开口于第2a层下，打破生土。墓向320°。"凸"字形土坑竖穴双人合葬墓。墓口距地表深0.34米，长2.14、宽0.62～0.8、残深0.54米。凸出部分长1.16、宽0.48米。墓底长宽与墓口同。长方形部分人骨架下有一层厚约4厘米的青灰土，青灰土下为褐色生土。凸出部分人骨为火烧后残存，骨架下为厚约4～6厘米的填土，填土下为褐色生土。一具人骨葬式为仰身直肢，双手置下腹，头向北，面朝上；另一具人骨为火烧后二次下葬。葬具腐朽，仅见梯形黑色细线痕迹。无随葬器物。时代不明。

本次发掘清理出的东汉至明清时期人骨个体109具，为体质人类学性别鉴定、形态学的观察和相关的病理研究提供了科学的人骨标本，此次大批量收集和研究明清时期的人骨在长江中下游地区尚属首次。

撰稿：田桂萍

现场摄影：费世华

器物与人骨摄影：郝勤建

郧县大坪遗址

◎ 南京大学历史学系考古专业

大坪遗址位于郧县柳陂镇五门村，地处汉江南岸台地缓坡上，东距辽瓦店子遗址约10公里，中心地理坐标为东经110°35′49″，北纬32°48′13″，海拔162~170米。

2008年10月~2009年1月，南京大学历史系考古学专业对大坪遗址进行了抢救性发掘。因为出土的遗迹和遗物较为理想，遂于2009年11月~2010年1月对该遗址进行

2008年度Ⅲ区全景（西北—东南）

了第二次发掘。两次发掘共布探方193个，发掘面积约为4850平方米。

根据地形条件，我们将大坪遗址分为四个发掘区，发掘区之间以自然冲沟相隔，沿汉江南岸自西南向东北依次为Ⅰ、Ⅱ、Ⅲ、Ⅳ发掘区。

四个发掘区的地层堆积薄厚不均，以Ⅱ区最为典型。经初步整理，地层堆积可分为6层，第1层土色灰褐，为耕土层；第2层和第3层为黄褐黏土，是近现代平整土地的垫土层；

2009年度工地雪景（西—东）

2009年度II区全景（西南—东北）

2009年度IV区全景（西南—东北）

第4层黄褐沙土，为明清地层；第5层黑褐土，为唐宋地层；第6层红褐土，为东周文化层。其中，以明清、唐宋和东周文化层最为发达，大部分遗迹和遗物出现在这些文化层当中。除了文化层外，Ⅲ区和Ⅳ区还分布有较为密集的墓葬。

两个年度的发掘共清理遗迹单位178个，其中灰沟16条、灰坑67个、墓葬80座、房址9座、路1条、窑址5座。出土石器、骨器、蚌器、铜器、铁器、陶器、瓷器等不同种类的遗物百余件。

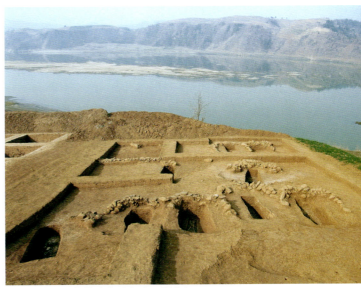

2009年度Ⅳ区墓葬分布（东南—西北）

清理几处房址的保存情况都不甚理想，从残存的废弃堆积范围可以得出该地房址的共同特点：均分布在汉江南岸的二级台地上，背山面江，建造方式较为简单。

共清理墓葬80座，主要分布在Ⅲ、Ⅳ两个发掘区，其中又以Ⅲ区最为集中，彼此之间叠压打破关系复杂。墓葬的时代主要有战国、秦、汉、唐、宋和明清时期，以战国和明清墓葬

战国M76（南—北）

战国M73（南—北）

战国M72（南一北）

战国M75（东南一西北）

清M59（南一北）

居多。其中，战国时期墓葬11座，均为长方形竖穴土圹墓，部分墓葬有熟土二层台，随葬器物组合可以分为两大类：一类是仿铜陶礼器，多为鼎、敦、壶、盘、匜，有的加罐或者豆；另一类是日用陶器，多为鬲、罐、豆或鼎、罐、豆。推测为秦代的墓葬共有4座，亦为长方形竖穴土圹墓，均有熟土二层台，一椁一棺，墓室头箱内放置随葬器物，器物组合为罐、壶、鼎或罐、壶、鍪，有的还随葬有漆耳杯，从残存的人骨痕迹可以辨识为屈肢葬。汉代墓葬1座，为砖室墓。唐墓9座，其中3座为崖墓，1座为瓦棺葬，其余均为砖室墓。宋墓1座，为长方形竖穴土坑墓。明、清墓葬40余座，均为长方形竖穴土坑墓，部分墓葬在墓的北侧有排列整齐的半圆形墓域。其余墓葬因形制特殊且无随葬品，较难断代，除一座为石块砌墙外，均为宽度较窄的长方形砖室墓，由骨架的摆放情况看，应为二次迁葬的墓葬。有些墓葬长宽都很短，内有儿童骨架或火烧过的人骨残骸。

共清理窑址5座，其中3座属于战国时期的陶窑，另2座为明清时期的砖瓦窑。以Y1为例说明，Y1位于第Ⅱ发掘区，保存非常完整，全长3.75、最宽处1.3米，由烟道、窑床、火膛、火门组成。烟道位于Y1最南端，平面呈半圆形，直径约0.28米，烟道与窑床底部相通；窑床平面近长方形，长约1.6、宽约1.3米。窑壁为深黄色烧结硬面，厚约0.1米，窑床底部夹杂有大量红烧土块，窑床北部为火膛，火膛低于窑床0.85米，平面呈梯形，长约1.4、宽约0.7～1.2米，火膛壁面和底部均为青灰色烧结面，平整且坚

战国Y1〔西北—东南〕

汉M25〔北—南〕

唐M37〔东南—西北〕

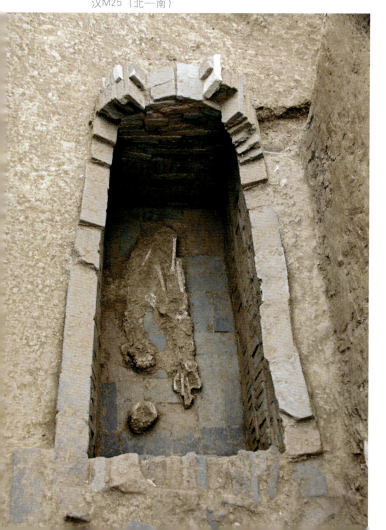

战国陶鬲（M60：1）

战国陶盉（M8：7）

战国陶敦（M73：3）

秦陶鼎（M75：4）

战国陶壶（M73：5）

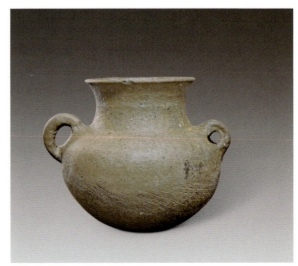

秦陶鍪（M72：2）

秦陶壶（M75：1）

秦陶罐（M75：3）

秦陶壶（M72：1）

战国陶豆（M70：2）

战国M8陶器组合

唐陶盘口壶 （M37：3）

唐铜镜 （M20：1）

唐铜镜 （M37：15）

唐烛台 （M43：1）

唐铜熨斗 （M37：10）

唐铜杯 （M20：6）

唐铜镯 （M37：17）

东周石锛(H34：1)

东周石斧（T090④：1）

硬，火膛内夹杂有大量红烧土块和青灰色烧结硬块，火膛底部距火门之间有一半圆形坑，较火膛底部深0.4米。坑壁上部为青灰色烧结面，下部为红烧土面，坑底为生土，坑内填土为灰黑色土，夹杂有大量红烧土块、青灰色烧结硬块和黑色炭屑，火门已塌毁，残宽为0.35米。窑内包含物有少量石块和一些陶片，陶片以夹砂灰、红陶为主，纹饰以绳纹为主，可见器形有鬲。

大坪遗址是一个文化内含丰富、前后延续时间较长的遗址，包含从东周到明清各个时期的堆积，其主要的遗迹、遗物发现于东周、唐宋、明清的文化层中。发掘清理的不同时期墓葬多达80座，并且墓葬间叠压打破关系复杂，随葬器物较丰富，这对于研究该地区各个时代的埋葬制度、社会习俗和该地区早期社会文化面貌具有重要意义。另外，发现的几处战国时期窑址的保存状况较为理想，是研究该地区先秦时期陶窑状况难得的实物材料。

撰稿：张敬雷

郧县乔家院墓群2008年的发掘

◉ 湖北省文物考古研究所

东周殉狗

郧县乔家院墓群位于郧县县城以西约40公里的五峰乡肖家河村，属南水北调工程考古发掘的重点控制性项目，自2006年起，湖北省文物考古研究所已连续对该点进行了三次考古勘探和发掘。继2006年和2007年在此发掘了一批春秋殉人墓后，2008年又在此发掘了25座东周、秦汉和西晋纪年墓葬。

根据湖北省文物局南水北调工程办公室的统一安排，2008年的考古勘探和发掘工作自2008年5月起至2008年12月止，历时近半年，在此共新勘探45960平方米，勘探发现墓葬30余座，根据勘探共布探方17个（10米×10米的探方11个、5米×5米的探方3个、5米×10米、20米×10米、30米×10米各1个），实际发掘面积1825平方米。共发掘东周至西晋墓葬25座，其中东周墓葬3座，

T42发掘现场

东周M39发掘现场（东南—西北）

东周M39铜匕首、玉饰出土情况（南—北）

东周M39椁室内器物（北—南）

东周M39墓坑全景（东—西）

秦汉墓葬21座，西晋纪年墓1座。由于墓葬所在地在20世纪70年代曾平整过土地，发掘前，墓葬上部皆未见封土。又因此地土壤偏酸，棺椁全都腐朽，但皆可辨棺椁朽痕。

3座东周墓葬皆为长方形土坑竖穴墓，其中M39规模稍大，为一座殉人墓葬，墓葬现存开口长6.2、宽4.6、深2米。墓向95°。墓坑内填黄褐色五花土并夹有少许碎石，根据棺椁朽痕判定，葬具为一棺一椁。椁内分隔成棺室、边箱和足箱三个部分，墓主居于棺室，棺痕长0.5、宽0.7米，棺底铺有厚约5厘米的朱砂。墓主头向东，仰身直肢，前胸佩有玉饰，右胸纵置一柄铜剑。边箱内放置青铜礼器，自东而西依次放置壶2、簠1、勺1、鼎2、小口鼎1、盘1、匜1和戈1，边箱的东部还殉葬有一具狗。足箱内横置一殉人，头向北，殉人无葬具和随葬品。这类殉人墓葬与以前发掘的春秋晚期殉人墓相同，从器物的形制看，这座墓的年代应稍晚，似可晚至战国早期。

21座秦汉墓葬皆为带墓道的洞室墓，且都是分布在二级台地的山坡上。墓葬总长一般为7～10.2米。洞室墓，又可分为土洞墓和岩洞墓两种。土洞墓所凿的墓室主体是土质的山体，发掘时其洞室全都塌陷，洞室顶部的结构已不太清楚。岩洞墓所凿墓室的主体都是麻面石的山体，其墓顶距现地表一般深约1.53～3.76米，发掘时大多保存了当时所构筑的原貌。

东周M39器物组合

东周铜鼎（M39：6）

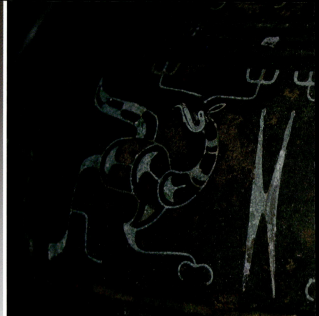

东周铜鼎盖（M39：6）局部

东周铜鼎（M39：7）

东周铜小口鼎（M39：8）局部

东周铜小口鼎（M39：8）局部

东周铜小口鼎（M39：8）局部

东周铜小口鼎（M39：8）局部

东周铜小口鼎（M39：8）局部

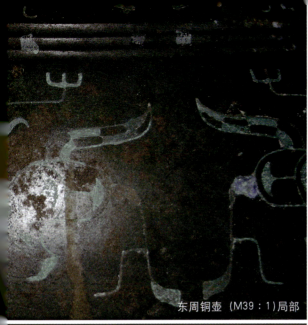

东周铜壶（M39：1）局部

东周铜壶（M39：1）局部

东周铜鼎盖（M39：7）

东周铜壶（M39：1）局部

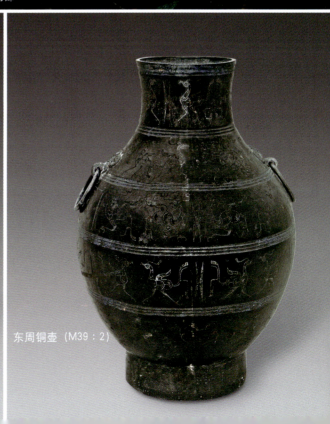

东周铜小口鼎（M39：8）

东周铜壶（M39：2）

东周铜簠(M39：3)　　东周铜鼎(M39：7)

东周铜勺(M39：5)

东周铜簠(M39：3)

东周铜匜(M39：9)

东周铜勺(M39：26)

东周铜匕(M39：4)

东周铜勺(M39：26)局部

东周铜戈(M39：11)

东周玉环(M39：13～15、17～20、24)

东周铜镞(M39：27)

汉铜洗(M37：7)

西晋铜镜(M31：1)

西晋铜手镯(M31：6)、银耳坠(M31：8)

西晋铜簪(M31：3、4、5)

汉铜洗(M38：1)

汉铜洗及器内的耳杯(M38：1)

东周铜匕首(M39：16)   东周鹿角(M39)

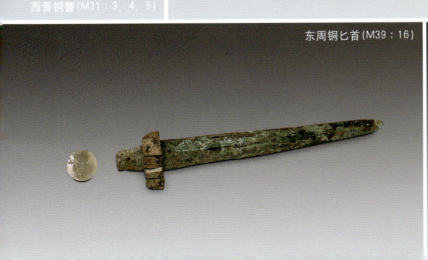

东周铜小口鼎（M39：8）

东周铜壶（M39：1）

汉M40全景（东—西）

汉M40北壁漆木器腐痕

汉M41洞室内器物

汉铜鍪（M40：2）

汉铜洗（M40：4）

汉M41墓底全景（北—南）

墓葬均分为墓道、墓门和墓室三部分。墓道
都是在台地的平台上先挖出长方形的明道至
山壁，在山壁处向内凿出长方形的墓室。
墓道最长的可达7.4米，深度达1.14~2.4
米，墓道底部可分为向内斜坡、向外斜坡和
平底三种。墓室皆凿为长方形券顶，长度一
般为2.8~3.46、宽0.8~2.14米，洞室高
1.02~2.14米。少数墓室见有铺底砖，墓室
内或置单棺或置双棺。人骨大多已朽，从残
痕看，多为仰身直肢葬。墓门位于墓道和墓
室之间，完整的岩洞墓门凿成券顶形，在墓
门处的两壁和底部都凿有宽约0.2、深约0.1
米的凹槽，从残存的痕迹分析，除有用木板
封门外，还有用卵石加泥土垒筑封门的，个
别洞室墓则用砖封门。所有洞室墓都出有随
葬品，共出300余件。其中最多的一座墓葬
（M48）出29件。质地主要有陶、铜、铁、
铅锡、漆木等。器类主要有鼎、罐、壶、
锺、釜、灶、耳杯和铜钱等。所有器物尽管
有残破，但都可修复和复原。根据器物的形
制，初步可断定这批墓葬年代的跨度为秦末

汉M41墓室器物

汉M41全景（北—南）

汉M41铜五铢钱

汉釉陶罐（M41：11）

汉M41铜甑、缶、陶罐

汉釉陶钵（M41：3、8、9）

汉M42北壁陶罐及兽骨

至东汉晚期。

西晋纪年墓葬1座。位于乔家院墓地北部的一级台地上，隶属于肖家河村四组，其北紧邻汉江南岸，为一长方形带墓道的砖室墓葬。发掘前，墓道和墓室上部已被破坏。墓坑残长4、宽2、残深0.84米，墓道宽0.9米，墓向82°。墓坑内用砖筑室，砖室残长3、宽1.52、残高0.8米。砖室皆用单砖错缝平砌，铺底砖则为"人"字排列。砖长36、宽16、厚6厘米。葬具已朽，可见散布于骨架周围的铁棺钉，骨架仅存肢骨，似为仰身直肢。从残骸推定，应为双棺合葬墓。随葬品共出8件，主要为铜器，计有镜1、碗1、耳杯1、簪3、环1和钱1。在墓室北壁的西北角发现两块阳文纪年铭文砖。砖文皆手写楷体，反书后模制，铭文为"咸宁元年九月五日作"。咸宁元年为西晋元帝司马炎改泰始年后的年号，与东吴末帝孙皓天册元年同，即公元275年，这是首次在这一区域所见年代最为明确的一座墓葬。

郧县乔家院2008年度的考古发掘收获较大，其重大发现和主要收获是：

（1）本年度再次发现了东周殉人墓，不仅新增了一批器类，值得注意的是，与前两次所发掘的春秋殉人墓相比，年代显得更晚，根据器物形制可推定为战国早期，从而使得我们确知这一区域的殉人之风是从春秋

汉铜花饰（M47：2、4、6）

汉M42出土器物组合

汉M42全景（东—西）

汉M42发掘现场

汉M48清理现场（东—西）

汉M47全景（西—东）

汉M48铜钱

汉M47棺室西部漆木器

汉M48铜鍪、铜洗（东—西）

汉M47出土器物组合

汉铜洗内的漆木器腐痕（M48：2）

汉铜鍪（M48：1）

汉铜刷柄（M48：7）

汉铅锡耳杯（M48：15）

汉铜洗（M48：2）

汉M53与M54关系（北—南）　　　　　　　　　　　　　　　汉M53墓底情况（北—南）

汉漆耳杯（M53：9）　　　　　　汉M55墓道全景（南—北）　　　　　汉M55墓室全景（北—南）

汉铜洗（M53：1）及漆耳杯（M53：9）

汉铜洗（M53：1）

汉M55出土器物组合

汉M55发掘现场

晚期一直延续到战国早期。对相关研究有重要的学术价值。

（2）本年度发掘再次新出土了一批青铜器，与前两次发掘相比，新见小口鼎、刻纹铜壶，使得本区的青铜器器类大增。不仅如此，这次新见的一批铜器，花纹繁缛，器形具有明显的时代特点。其中，铜壶上通体镶嵌绿松石的凤纹工艺精湛，其凤纹或为蹲伏，或为行走，或为奔走，造型极为生动，与河南和尚岭二号楚墓所见的画像铜壶有异曲同工之妙，是迄今湖北所见镶嵌绿松石楚器中的精品。同一墓地内所出的由春秋晚期早段至战国早期的众多青铜器，为我们创建这一区域青铜器的年代学序列提供了新的弥足珍贵的资料。

汉M55墓室内器物（北—南）

（3）新发掘的一批秦汉洞室墓，形制众多，结构复杂，是近来在郧县发掘最多的一个墓地。过去，尽管在郧县的韩家洲和刘家院也有发现，但由于土洞墓的墓室全都塌陷，使我们对墓室结构一直都不太清楚。郧县乔家院岩洞墓发掘后，基本上保存了当时

汉M55随葬器物（北—南）

汉漆鼎（M47：18）、陶鼎（M47：10）

东周铜壶（M39：1、2）

东周铜鼎（M39：7、6）

东周铜小口鼎（M39：8）

的原貌，可据以复原这一区域秦汉洞室墓包括土洞墓的形制和构筑方法。同时，对深入探讨流行这一葬俗的族属及分布区域有着重大的学术价值。更为重要的是，所有墓葬都未被盗掘，均出有各类不同质地的随葬品，尤其是一些新器种的发现，对建立这一区域的秦汉年代学序列大有裨益。

（4）首次在这一区域发现了东汉的漆木器。众所周知，漆木器作为两汉的主要随葬品器类之一在墓葬中较为常见，但由于郧县所在地的土质偏酸，使得本区的古代木质器具无一幸存，在发掘中往往只能见其痕而不能辨其形。本次所见的一件漆耳杯，是盛装在一个铜洗内的，在其腐蚀前，墓顶上部的岩沙坠落将其填充掩埋，使其处于一个干湿相对稳定的空间内才得以幸存下来。这件漆木器的出土，不仅填补了这一区域的空白，而且对于研究其产地问题提供了重要的实物资料。

（5）本次发掘的一座西晋纪年墓葬也是

汉铜甑釜（M41：2）　　　　　　　　　汉铜甑釜（M41：2）

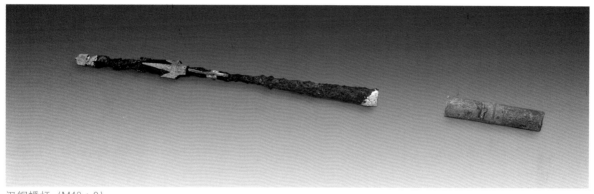

汉铜幡杆（M48：8）

一个重大发现，尽管墓葬残损，但仍出土有随葬品，纪年铭文砖的铭文为"咸宁元年九月五日作"，其年代为公元275年，属西晋初年。西晋纪年墓在郧县属于第一次发现，是这一区域所见年代最为明确的一座墓葬。除在宜都陆平见有"永平十年"、丹江玉皇庙M4见有"元康九年"和竹山潘口见有"元康七年"的纪年墓外，这是在湖北又一次发现的西晋纪年墓，其年代更早，成为准确断定这一时期墓葬形制及随葬品的新的年代学标尺。

撰稿：黄凤春　黄旭初

摄影：黄旭初

郧县刘家洼遗址

◉ 西北大学文化遗产学院

发掘前钻探现场

刘家洼遗址地属郧县五峰乡小石沟村八组，位于汉江南岸二级台地上，地理坐标为东经110°31'33"，北纬32°43'49"，海拔168米。地势由南向北呈缓坡状，地表现为耕地。在台地北边沿断崖处，暴露有瓦片、陶片、石块等，基本为汉代遗物，也见有鬲足、豆等属于东周时代的遗物。据我们考古钻探了解，该遗址的范围约5500平方米。

刘家洼遗址的发掘由西北大学考古队承担，计划发掘面积1125平方米。发掘工作自2008年3月初启动，4月中旬进场工作，5月下旬田野工作结束，历时40余天。发掘采用探方法，开掘10米×10米探方15个，实际发掘面积计1150平方米。实施考古钻探10500

遗址开工前地貌（西—东）

平方米。

位于汉水二阶地的居址区文化层堆积基本有4层：第1层为耕土层，厚0.2～0.25米；第2层为近现代堆积层，厚0.05～0.97米；第3层为河相沉积层，厚0.05～0.66米；第4层为汉代堆积层，厚0.24～0.6米；再下为生土。居址区之西的墓葬所在处文化层堆积情况为：第1层，耕土

发掘现场

层，厚0.2～0.25米；第2层，近现代堆积层，厚0.2～0.3米；其下即为生土。墓葬开口于第2层之下，深3.9～4.05米。

遗迹有房屋基址、烧烤坑、储藏坑、灰坑、墓葬等。除1座瓮棺葬为唐代外，余皆为汉代遗迹。

房屋基址　3座。编号为F1～F3，其中F1、F2规模较大，顺地势面江背坡并排而建，F3面积很小，位于F2西南侧。

F1、F2平面皆为长方形，设有回廊。方向分别为319°和321°。两座基址之间被一条后期

汉F1（近）、F2（远）（北—南）

汉F1南檐墙石铺墙基（北—南）

汉F2檐墙石铺墙基（西—东）

冲沟（编号G1）打破，故两座建筑之间的距离不可确知，不过，根据G1宽度较窄的情况推知，两建筑相距应很近。F1基址的东边基本保持原状，西部边缘被G1破坏，大致保存完整。F2西部亦由于后世水流冲刷，受到一定程度破坏。据其地层情况，两座建筑应为同时期所建。

F1，南北宽11.6、残长20米余，现存遗迹复原面积约230平方米。三开间，面阔基本相等，东西皆宽约6.8米。墙基内垫、铺有大小不等的石块和石片，北边即前檐墙基的石块较小，南边即靠山坡一侧墙基的石块、石片大而数量多，这是因为其除具有承接屋檐雨水的功能外，还有加固屋廊、阻止山体对房屋威胁之作用。在F1第三间屋内西南角，设一烧烤坑（SH1）。

F2，东、西两边皆受到破坏，东西残长9.8、南北宽9.2米，面积约90.16平方米，现存两间，东边一间东西残宽6.7米，另一间残宽3.1米。

F3，圆形，直径约2.8米，房内东侧设储藏坑一座（K2）。

烧烤坑　1座。

SH1，位于F1第三间屋内西南角靠近南后墙处。平面椭圆形，底部弧形，直径1.4~1.8、深0.08~0.1米，坑内存留一层黑灰，坑壁烧结严重，烧结层厚度超过0.05米。坑的南边沿在距墙0.24米处竖置一长0.88、高0.28米，与墙为相同走向的石板。紧挨石板西端置一长方形大石头。石板和石头皆呈黑色，为经长期烘烧所致。

储藏坑　2座，分别编为K1、K2。

K1，在F1西南角回廊紧挨檐墙处，坑作长方形，下铺一层瓦，坑边以三层瓦镶好。长0.64、宽0.32、深0.28米，与SH1一墙之隔。

K2，位于F3房内东侧。底部及四周用砖镶成，长0.86、宽0.41、深0.24米。坑内底层东南角有动物肋骨一排。

灰坑　分别编为H1、H2、H3、H4、H5，形状皆椭圆形，大小有别，置于屋内或屋外，其中4座坑中基本未发现遗物，H4出土物较丰富，有陶罐、陶拍、网坠、纺轮及石刀等器物。

墓葬　5座。其中砖室墓、土洞墓、瓮棺葬各1座，瓦棺葬2座。分别编为M1～M5。

M1，砖室墓，墓向315°。墓道被破坏，残长3.76米，砖砌墓室，券顶。墓室长3.62、宽2.32、高1.78米。墓室底至地面深3.1米。骨架朽为粉末，葬式情况不清。随葬品置于墓室内中间，计有陶壶、罐、灶、瓿等。

M2，土洞墓，墓向313°。墓道作斜坡形，北端略残。墓残长6.16米，墓室长2.2、宽1.1、洞室高1.2米，墓室底至地面深

汉F3（北—南）

汉K2（北—南）

4.3米。骨架朽甚，葬式不明。随葬品置于墓室内东侧，计有陶壶、陶釜、陶罐、五铢铜钱等。

M3，瓮棺葬，位于T7探方内，灰陶罐上盖一青瓷盆，开口于第3层下，打破第4层，时代当晚于汉时期。

M4、M5，瓦棺葬，构造基本相同，下边仰置一瓦，上边扣一瓦。M4长0.48、宽0.32米；M5长0.36、宽0.32米。瓦棺内皆未发现骨头。

遗物　遗物中陶器数量最多，还有铜器、铁器、石器等。汉代的器物有陶罐、陶盆、陶釜、陶杯、陶纺轮、陶网坠及瓦、瓦当，还有铜构件、铜钱、铁臿、铁钉、石

汉M4（西—东）

汉M1墓室（北—南）

汉M2墓室（北—南）

汉陶壶（M2：4）

汉陶双耳罐（H1：1）

汉陶釜（M2：2）

汉陶盆（T2④：2）

汉陶杯（T8④：3）

汉陶罐（M2：6）

汉陶拍（H4：2）

汉陶纺轮（H5：1、T5④：2、T5④：4、T9④：1）

汉陶纺轮（T4⑤：2）

汉陶网坠（H4：17、7～15）

汉筒瓦（T6④：6）

汉瓦当（T7④：1）

汉铜构件（T4⑤：3）

汉铁矛（T4⑤：1）

锛、石刀等。汉代地层中还出土有陶豆、鬲足等东周时期的残陶器。

所发现的3座汉代建筑基址是本次发掘工作的重要收获。F1面积超过200平方米，布局有序，建造考究。F2因为破坏严重而保留遗迹面积较小，由迹象观察，其规模应与F1相当。

瓦当等建筑材料的发现，表明建筑具有一定的规格。该遗址总面积超过5000平方米，可认为是一处较大规模的聚落遗址。

与建筑基址同时期墓葬的发现，使全面认识该遗址的内涵成为可能。墓葬分布处应是刘家洼遗址的墓葬区所在，是该遗址的有机组成部分。墓葬中出土的随葬品，为了解当时的埋葬习俗等提供了重要资料。

该遗址的时代，据出土器物分析，基本可认为在西汉至王莽稍后。

遗址中出土的陶纺轮、陶网坠、陶罐、陶釜等生产及生活用具，为了解当时人们的生产、生活环境和生活习俗等，提供了宝贵的实物资料。值得一提的是，出土于F2地面的铜构件基本由长条形的外空腔和内芯柱构成。空腔一面有占器身一半以上长度的开槽，内芯柱中段有一道棱箍并设一钉纽，内芯柱插于外空腔之内可抽掀，钉纽卡合于外腔开槽一面产生机械关系，具有较高的科技含量。所发现的陶鬲、陶豆等东周时期遗物，对于了解汉水中游先秦时期考古学文化面貌及其与周邻地区文化的关系，具有一定的学术研究价值。

撰稿：赵丛苍

摄影：赵丛苍

郧县李营墓群

◎ 山西大学历史文化学院考古系

一区勘探（东—西）

李营墓群位于郧县东部，隶属于安阳镇李营村十一组。地理坐标为东经111°04′34″，北纬32°50′50″，海拔161米。遗址所处地貌为汉江上游河谷区域。在汉江北岸，发育有南北向的龙门河，沿龙门河分布有平坦宽阔的阶地。阶地南北长约7.5、东西宽约3.5公里，为汉江北岸群山环绕、地形相对封闭的长条形盆地。李营墓群东距南北向郧丹337省道约1公里，西距汉江支流龙门河500余米。墓群区域南北约30、东西约60米。

2008年5～7月，山西大学考古系对李营墓群进行了勘探、发掘。勘探面积达1万平方米，共完成发掘面积1400平方米，

二区发掘现场（东—西）

发掘东汉至三国时期墓葬7座，后石家河时期
灰坑10个、灰沟1条。另探明7座墓葬，均已
成乱砖堆，应是村民在历年的平整土地过程
中对墓葬的破坏以及再堆积造成的。

李营墓群地层堆积情况较为简单，第1
层为耕土层，厚0.25～0.35米；第2层为汉
代到三国文化层，厚0.3～0.35米，土色灰
黄，红褐夹杂，土质较硬，包含有大量汉
代砖、瓦、陶片等；第3层为后石家河文化
层，0.55～0.6米，土色灰黑，土质坚硬，
包含有夹砂红、灰陶等器物的残片以及红烧
土块，该层下为生土层。

在发掘的7座墓葬中，2座破坏严重，5
座保存较好。均为砖室墓，其中4座带有墓
道。墓室顶部除M2为四隅券进式外，其余
残损严重，已不可辨。墓葬均为南北向，未
发现葬具，人骨保存极差，仅M3和M5残存
部分骨骼。M5、M6、M7均有西耳室，M5
打破M6耳室。

M2为长方形砖室墓，墓向185°，由墓
道、封门、甬道、墓室组成。斜坡墓道位于
墓室南端。封门外用残砖垒筑，内用完整的
长方形砖弧形错缝平砌。在封门从上向下第
11层处，封门砖中间一块残砖上有模印铭文
"露二年八月十日（造）"，"露"前的字推
测为"甘"。甬道平面呈长方形，券顶，底部
墓砖"人"字形砌成。墓室已残损，底部西
为"人"字形砖铺底，东为棺床；东西两壁
从底部呈"人"字形上砌，形成四隅券进式
穹隆顶，近顶部坍塌。葬具、骨架已不存。
出土1枚五铢铜钱、残陶片数块。根据此砖

三国M2（东—西）

三国M2纪年铭文砖位置（南—北）

三国M3（南—北）

东汉M5、M6（南—北）

东汉铜带钩（M5：7）

东汉铜带钩（M5：7）

室墓为四隅券进式穹隆顶结构及"甘露"年号（为三国时期东吴末帝孙皓的第二个年号），可以判断此墓年代为公元266年。

M5为长方形砖室墓，墓向180°，由墓道、封门、甬道、西耳室、墓室构成。墓道位于墓室南端，平面呈长方形。封门用砖斜插垒砌。甬道青砖错缝砌起拱顶，顶部已坍塌，西耳室，砖砌拱顶，底部为"人"字形砖铺底。墓室平面呈正方形，四周错缝平砌，墓室西有一盗洞，北部有棺床。墓内骨架剩余很少，仅存头骨碎片、牙齿、部分腿骨等，葬具不存。墓内出土错金银神人抱鱼铜带钩、铅小件、铜钱、铜弩机件、金箔、陶灶等重要器物。

发掘灰坑10个，第3层下开口，形制有长方形、椭圆形、圆形三种，开口大小1～3米，深浅不一，均为斜壁，多数底部粗糙，填土为五花土、红烧土块等，填土包含物为陶片、石器、草木灰等。其中H5四壁有火烧的痕迹，底部铺一层石头，西北角有一青砖，其上放置一块木炭，可能为特殊意义的遗迹。

东汉铜带钩（M5：7）"丙午神钩位至公侯"

发掘灰沟1条，边缘规整，发掘沟长20米，剩余部分已被周边水渠破坏，沟口宽2.6～2.7米，底宽0.5～0.9米，沟底距地表深1.1米。斜壁、平底，壁及底部均较规整，其内填土呈灰色，土质疏松，填土内包含物有红烧土块、炭屑、碎砖块、陶片及石器等。

后石家河文化G1、H4、H7、H8、H9（东—西）

李营墓群出土器物有错金银神人抱鱼铜带钩1件，铭文墓砖2块，金箔9件，鎏金铜小件2件，铜箍子1枚，弩机构件1套（残），铅小器4件，铁镜1枚，松香块1块，瓷器1件，可复原陶器10件，石器35件以及大量陶片等。其中错金银神人抱鱼铜带钩最为精美，长15.6、宽3.2、纽高2.7厘米。整体将龙、神人、鱼造型合为一体，主体为龙，呈俯首扬颈上腾状，龙首与龙尾呈钩形。正面龙腹部雕一人环抱鱼形，龙与人口中各含一珠，其双眼均为小孔，可能为原镶嵌物脱落所致。带钩纽在龙背中部，纽前有错银篆书："丙午神钩位至公侯"八字，纽后为错银云纹。整件器物造型奇特，技艺精良，集错、雕、嵌、铸等多种工艺技术于一体。

后石家河文化H5（南—北）

李营墓群中，M2有确切纪年，为三国时期墓葬，这一发现无疑对这个时期鄂西北地区的墓葬具有标尺作用。M3与M2均开口于第2层下，可判断为同一时期墓葬。而从墓葬形制、随葬器物、打破关系等诸多因素分析，M5、M6、M7属于东汉时期墓葬，这些发现对于研究鄂西北汉水流域东汉到三国时期丧葬习俗的演变具有重要意义。灰坑、灰沟等遗迹现象，根据其地层情况位于汉、

东汉M7（南—北）

东汉铜弩机构件（M5：4）

东汉鎏金铜钩（M5：12）

后石家河文化陶豆（H3：1）

东汉陶顶盖（M6：2）

东汉陶罐（M5：17）

东汉陶甑（M7：5）

后石家河文化陶祖（T1③：4）

东汉陶灶（M5：9）

东汉铁镜(M5：10)

后石家河文化石矛形器(H3：6)

东汉铅钩(M5：16)

后石家河文化石锛(G1：7)

汉至三国石斧(T2②：1)

三国铭文砖"露二年八月十日（造）"(M2：1)

三国时期墓葬之下，且出土了大量磨制石器和陶器，说明其与新石器时代分布在鄂西北汉水流域的后石家河文化有承袭关系，这对于研究鄂西北汉水流域新石器时代晚期文化发展有重要意义。

撰稿、摄影：李　君　郭家龙　乔　倩

郧县龙门堂遗址2008～2009年的发掘

◎ 武汉市文物考古研究所

遗址院落西墙北段(北—南)

郧县龙门堂遗址在2006年度的B区发掘中，发现了汉代的多类遗迹，包括院落墙、房址、陶窑、灰坑、婴儿墓葬、明清墓葬等。在这些遗迹中，尤以院落墙的发现最为重要。该遗迹的发现，被认为与汉晋时代庄园经济有关，得到了多方面的重视。故此，省文物局南水北调办公室给予了追加发掘面积的安排。2008年度龙门堂遗址的发掘始于10月，至2009年5月结束，发掘面积2000平方米。

本次发掘有更大的收获。遗迹包括院落墙、栅栏沟及汉晋时期的房址、窑址、窖穴、水井、灰坑、墓葬（汉晋时代的婴幼儿墓葬）、唐宋墓葬和明清墓地等。

为了能对院落遗迹的整体情况有一个全面完整的认识，本次发掘采取了发掘区平面

航拍工地全景(北—南)(摄影：余乐)

整体控制、整体揭露的方法，力争做到最大限度地整体揭露。通过这次工作，我们发掘出了院落西墙的北段和南墙的东段，并由此判断出院落拐角的大体位置。从发掘的情况看，该院落南北长70余米，东西宽在85米左右，尤以院落西墙保存最好，在院落墙体上发现了有规律的柱洞。此外，在西墙北段以西，我们还清理出了多道沟槽遗迹。我们推测它应该是墙体外的栅栏遗迹，因为经过常年多次的修筑、修整，遗迹呈现出多道交错的形态。这也说明该院落曾经有一个长期使用的时间段。而对院落的四至、拐角及大门的具体情况，都还有待进一步的工作。

从发掘出的大量瓦砾堆积和柱础石看，遗址内存在大量房屋遗迹。然而由于倒塌和不同时期房址的混杂，发掘清理难度较大。遗址区内的房址以大型房址为主，单个房址的全长一般在20米上下，进深在6～7米左右，多数为七开间的大屋。房址间存在一定的空间布局关系，它们与院落共同构成一个整体。在房屋遗迹的墙基旁，大多还发现有婴幼儿的砖坑、瓮葬、罐葬或以绳纹板瓦做葬具的小型墓葬。

发掘区内发现了烧制陶器的陶窑和烧炭的炭窑。陶窑可见瓢形和长方形两种。火膛、窑床、窑壁、烟道均保存得相对完好。其中一个陶窑内还出土了有泥印的陶钵。炭窑的形态与灰坑相似，一般为船形，窑壁一般为1厘米左右厚的红烧土，窑内多见炭渣或炭灰。

发掘区内发现两个窖穴，其中一个窖穴

遗址中的明清墓地（南—北）

遗址中清理的以绳纹板瓦为葬具的婴幼儿墓葬（西—东）

汉W56（南—北）

汉J2（北—南）

汉陶器盖上的刻划鸟纹（ⅣT0104④：1）

有陶质绳纹窖圈。窖分为三层，最上层窖圈为厚方唇敛口、折肩、直壁，与下部窖圈相合。窖圈口部均匀分布有六个大孔，推测是便于拴套绳索之用。窖穴底部铺有少量板瓦片。

发掘区内发现了多口水井，其时代大体均为汉晋时期，但其形制各有不同：有近直壁的土坑、砖砌小型长方形的，还有砖砌子母口弧形井的。水井与当时居民的生活息息相关，其分布与院落内的建筑布局有关。

发掘区内发现了大量的以绳纹板瓦做葬具的小型墓葬和一定数量的砖坑、瓮葬、罐葬，这类墓葬是埋葬婴幼儿的，在少数保存尚好的墓葬中，我们还发现了婴幼儿的头骨和肢骨，一般随葬少量铜五铢钱。这类墓葬一般是在院落遗迹内，而且绝大多数都是在房址的转角处。

发掘区内绝大多数灰坑开口于5层下。灰坑的形状多样，以圆形或不规则圆形为主。灰坑多为弧壁、圜底或平底，坑直径一般在1～1.5米和2米左右。灰坑内一般为黑色土夹红烧土颗粒，土质较为疏松。多数灰坑内出土一定数量的绳纹板瓦片、灰陶、黄陶片等，可见器形有陶盆、甑、

宋砚（F46：1）

明釉陶罐（M64：3）

明青瓷碗（M64：1、2）

汉陶双耳罐（T0203④：17）

汉陶盆（T0105⑤：3）

汉Y2（东南—西北）

汉J3（南—北）

罐、双耳罐、瓮等。

　　本次发掘的唐宋墓葬不多，均为砖室墓，规格较小，人骨的保存较差，随葬品也不多。发掘的明清墓葬共计48座。从发掘的情况看，这批墓葬集中分布在两大片区域：一为发掘区东南部，在大约四个探方中，发掘了明清墓葬46座；二为发掘区西北部，发掘明清墓葬2座。东南部如此密集的墓葬分布，说明这一区域是当时当地居民的墓地。从单个墓葬的情况看，此地当时流行土坑单棺葬，夫妻合葬较少。下葬时，多数墓主人头部有"枕瓦"，多数墓葬有头龛，随葬陶罐、瓷碗以及铜钱。

　　本次发掘出土了青铜、铁、陶、石等各类文物标本和可修复文物200多件，陶片580多袋。其中以陶器的数量最多，器形丰富多样，很有特点。

　　汉晋时代遗址的保存状况，除都城遗址外，绝大多数不尽如人意，特别是汉代的聚落、院落遗址更是发现甚少。郧县龙门堂遗址院落遗迹的发掘清理填补了此项空白，有助于我们了解汉晋时期地主庄园经济的具体形态，并为这一历史时期的研究提供更多的考古学证据。不仅如此，龙门堂遗址中出现的诸多特殊的遗迹现象，也是值得我们进一步思考和关注的。

撰稿：邓　辉　范江欧美

摄影：邓　辉

张湾区

张湾区扼川渝、连豫陕，位于武当山北麓、十堰市西部，辖域占据十堰市大部分城区，全区国土面积651.56平方公里。

根据南水北调工程文物保护总规划，张湾区涉及文物点11处，其中地下文物点10处，涉及普探面积0.5万平方米，发掘面积0.74万平方米；地面文物点1处，涉及建筑面积729平方米。

张湾区犟河口遗址

◉ 吉林大学边疆考古研究中心

　　犟河口遗址位于十堰市张湾区黄龙镇东湾村六组，东北距黄龙镇300米左右，地处犟河与堵河的交叉处，堵河东部的台地上，襄渝铁路从遗址南部经过。遗址中心地理位置坐标为东经110°33'07"，北纬320°40'09"。遗址海拔165～170米。遗址分布面积约4000平方米。2004年2月，南水北调中线工程丹江口水库淹没区湖北省文物局保护规划组调查发现。

　　2008年9月，为配合南水北调工程建设，吉林大学边疆考古研究中心对该遗址进行了抢救性发掘。发掘面积2000平方米，发掘工作自2008年9月中旬开始，于12月初结束。共发掘17个遗迹单位，其中灰坑9个、灰沟3条、石墙1条、墓葬4座。文化内涵较为丰富，包括新石器时代、东周、明清时期的文化遗存。

　　犟河口遗址各区域的文化堆积厚度不均，发掘区东部和南部各探方淤沙层较厚，而中部和北部少见或不见淤沙层。整个遗址的地层堆积大体上可以划分为4层。

　　第1层：表土层，为现代的耕作熟土，黑灰色，质地疏松，呈水平堆积。该层中出土少量的近现代青花瓷片和瓦片。

　　第2层：砂土层，灰黄色土，土质疏松，含沙量比较大。出土数量较多的明清时期的瓷片和瓦片以及清代铜钱等遗物。

　　第3层：灰土层，灰黑色土，夹杂有较多的红烧土块。包含物以陶片为大宗，其中夹砂红陶为主，另有少量的泥质红陶和灰陶，纹饰多为绳纹，次为弦纹和素面，另有少量的篮

遗址发掘前地貌（西南—东北）

纹、附加堆纹、弦断篮纹、戳印纹等。此外
还出土有陶纺轮、网坠和石斧等器物。

第4层：灰褐土层，土质较硬，夹杂大
量的炭粒和红烧土粒，由于破坏严重，该层
分布范围较小，堆积厚度亦较薄。包含物
以泥质红陶和夹砂红陶片为主，大部分为素
面，少量的陶片有细绳纹和弦纹，此外出土
大量的陶瓶和石斧等器物。

从整个遗址看，属于新石器时期的地层
堆积较薄，分布范围较小，属于该时期的遗
迹有灰坑3座、灰沟3条，由于遭到晚期活动
的破坏，保留深度均较浅。灰坑、灰沟形状
有椭圆形和长方形两种。

新石器陶器以陶片为主，较少有可复
原的器物。陶片以泥质和夹砂红陶为主，少
量夹砂和泥质灰陶。以素面为主，少量的有
纹饰，纹饰大部分是绳纹，其次是弦纹，还
有少量刻划纹。但泥质红陶几乎全为素面。
陶片中可辨器形主要是钵、罐和鼎。其中数
量最多的就是陶钵，均为泥质红陶，保留的
部位主要是口沿部分，其中1件陶钵形制较
为特殊，口部微敛，弧腹，小平底，器壁较
薄，底部中心有一直径约3.1厘米的圆孔。
另外一种出土数量较多的陶器是陶瓶，这种
器物在遗址中分布比较广泛，均为泥质红
陶，质地坚硬，呈扁平长条梭形，上窄下
宽，表面密布蜂窝状小孔，小孔中还保留有
植物的种子。除了陶钵和陶瓶外，在该时期
遗存中还发现了大量的磨制石器，其中绝大
多数为石斧。这些石斧材质均为砾石，多数
残断，使用痕迹明显，仅有一件保存基本完

发掘现场（东南—西北）

新石器IG3在IT0405中的分布（东南—西北）

新石器IH6（东南—西北）

新石器IG2（东一西）

新石器IH1（北一南）

明清石墙（北一南）

H5

新石器IH5（南一北）

东周IM1（西南一东北）

M1

好。此外，还有少量的穿孔陶片、花瓣形陶器和陶纺轮等陶器。

　　东周时期的地层堆积较厚，整个灰土层均属于这一时期遗存。但发现的遗迹较少，仅有墓葬2座、灰坑1座。墓葬均为长方形。这一时期遗存中发现陶鬲1件，夹砂红陶，口沿及腹部泛黑。侈口，方唇，折沿，束颈，弧肩，直腹较深，弧裆，平底。实心扁圆柱状足。口部以下腹部以上均为斜向粗绳纹，底部饰交错绳纹，足上无纹饰，内部足上有浅窝。从地层中出土的大量陶片和鬲足看，类似形制的陶鬲在当时使用率非常高。

除了陶鬲外，可辨器形仅有陶钵、罐及纺轮等器物，出土的陶片以夹砂红陶为主，另有少量的泥质红陶和灰陶；纹饰多为绳纹，次为弦纹和素面，另有少量的篮纹、附加堆纹。石器的种类相对较多，以石斧为主，还有石镰、盘形石器以及大小不一的石网坠。除了陶器和石器外，还发现1枚铜五铢钱。

明清时期的遗迹主要有5座灰坑和1条石墙。灰坑有椭圆形、筒形和圆形等形状。石墙（ⅠQ1）平面呈带状，基本呈直线分布，长约16.85、宽约0.6、高约0.3米。该墙基西侧是早期文化层和生土，东侧则是砂土。因此推测当时该墙基西侧是高地，而东侧是经常被河水上涨后淹没的低地，因此有河沙沉积。据此推测该墙是当时用来防水淹的堤墙。发掘出土的明清时期遗物以瓷器为主，还出土了一些清代铜钱。

犟河口遗址新发现的新石器时代遗存陶器种类较少，但从陶片陶质和可辨器形以及磨制石器对比来看，这类遗存与均县朱家台遗址新石器时代遗存非常相似，应属于同一类遗存。该类遗存在鄂西北地区分布较为广泛，有观点称之为"朱家台类型"或"朱家台文化"，绝对年代大约在距今6千纪后半段。在这类遗存中有一种非常特殊的器物，已有的报告中都称其为陶"瓶"，其具体功能目前还没有很好地认识，但这种器物在鄂西北地区新石器时代遗存中有广泛的分布，均县乱石滩遗址、朱家台遗址以及在郧县和均县的考古调查中均发现有这种器物。

东周至汉时期的遗存中可复原陶器数量较少，但从出土的陶鬲来看，与朱家台遗址东周陶鬲非常相似，应属于同一时期遗存，而且从遗址中出土的陶片陶质和可辨器形看，大部分

新石器石斧（ⅠT0604④：8）

新石器穿孔陶片（ⅠG1：2）

新石器石斧（ⅠG3：22）

新石器石斧（ⅠG3：16）

新石器石斧（ⅠG3：2）

新石器石磨棒（ⅠG3：6）

新石器IG1出土陶片

新石器IG3出土纹饰陶片

新石器IG3出土陶器器足

新石器IG3出土陶器口沿

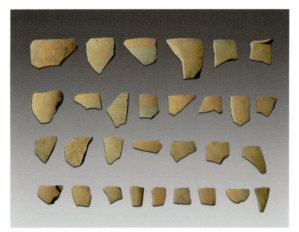

新石器IG2出土红陶片

新石器陶器（IG2：1）

新石器陶纺轮（IH1：1）

新石器骨针（IG3：5）

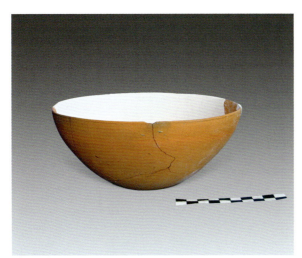

新石器陶钵（IT0806④：1）

东周陶鬲（IT0201③：2）

东周陶钵（IM2：1）

东周石斧（IT0507③：8）

东周盘形石器（IT0506③：9）

东周石网坠（IT0506③：5）

东周石网坠（IT0507③：6）

清青花瓷盘（IT0706②：16）

明清青花瓷碗（IH4：6）

清酱釉瓷碗（IH7：1）

明清青花瓷碗（IH9：3）

汉铜五铢（IT0506②：4）

遗存都属于以这种陶鬲为代表的东周遗存，但由于遗址中亦出土一枚汉代铜五铢钱，因此我们推测斟河口遗址东周至汉时期遗存主要属于东周时期，下限延续到汉代。该遗址出土了较多的明清时期瓷器和清代铜钱，说明这一地区在明清时期亦有人活动。

　　在发掘期间，我们还对遗址周围进行了大规模的调查和勘探，在地表采集到汉代的花纹墓地砖，另外在遗址附近的现代村落中还发现有一定数量的汉代墓葬。由于该遗址破坏严重，根据现有的调查和发掘资料很难复原当时的聚落形态，但本次发掘丰富了十堰乃至整个鄂西北地区新石器和东周时期的文化内涵，对研究汉江流域历史发展具有十分重要的参考价值。

撰稿：吕　军　邵会秋

摄影：邵会秋　丁思聪

修复：夏洪宇

武当山旅游经济特区

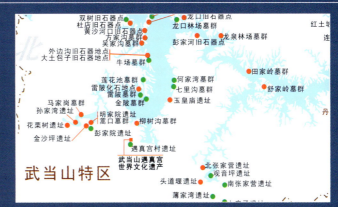

武当山属大巴山东段，背倚神农架原始森林，面临丹江口水库（南水北调中线工程取水源头），是联合国教科文组织公布的世界文化遗产，为道教名山和武当山拳发源地。

根据南水北调工程文物保护总规划，武当山旅游经济特区共涉及文物点4处，其中地下文物点1处，涉及普探面积0.3万平方米，发掘面积0.45万平方米；地面文物点3处，涉及建筑面积1289平方米。

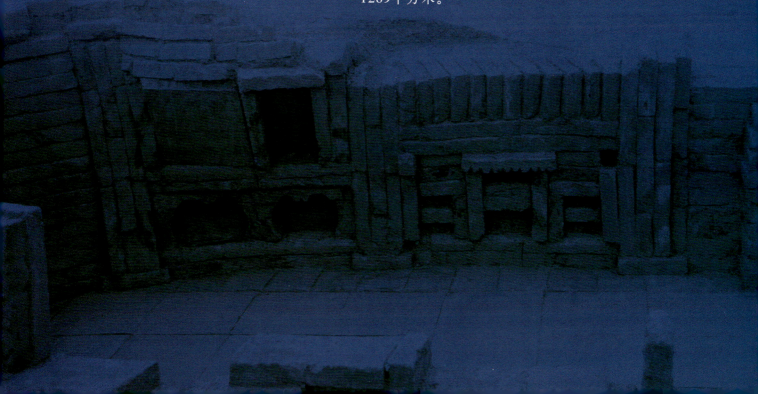

武当山柳树沟墓群

◎ 山西省考古研究所

　　柳树沟墓群西南距武当山旅游经济特区约10公里，位于丹江口水库通往武当山旅游经济特区的湖口西岸，枯水季节为风景宜人之小岛，蓄水季节则完全没入水下。水消退后，地势较平缓，墓葬即分布在沿岸湖滩和湖水中凸出的小山包上。墓群中心位置地理坐标为东经111°08′04.8″，北纬32°32′24.0″，海拔137~148米。

　　柳树沟墓群于1994年11月由中国社会科学院考古研究所调查发现。1998年3月，湖北省文物考古研究所复查该墓群，同时对其中两座较大的封土堆进行了勘探。该墓地东西长1200、南北宽约250米，总面积约30万平方米。现保留数个较大的封土堆，其中一座封土高达8米，底径周长约100米。

　　2008年4月开始，山西省考古研究所对墓群进行了抢救性勘探和发掘。到目前为止，柳树沟墓群的发掘工作已进行了两期：一期工作主要集中于整个发掘区近水的低地，二期是在一期的基础上，继续绕水库低地发掘并向高地推进。根据2008、2009年的钻探情况，在墓葬分布处集中布方和选点布方，并结合当前水势和地形特征，由北向南抢救性发掘。2008年7~9月的发掘为一期，发掘5米×5米探方12个，10米×10米探方35个，总计发掘面积3800平方米，清理墓葬60座（M1~M60）；2009年6~7月的二期工作共发掘10米×10米探方74个，其他非标准探方265平方米，总计发掘面积7665平方米，清理墓葬74座（M61~M134）。

发掘场景

勘探、发掘工作基本同步,截止到2009年7月,累计完成钻探面积5.5万平方米,勘探出墓葬300余座。至此发掘区的钻探工作基本结束。

为了对整个墓地进行控制,同时也为了统一今后的勘探和发掘工作,我们用全站仪测出整个墓群的地形图,用象限法进行发掘,将整个墓地分为四个区,将各区业已暴露在外将被库区淹没的墓群先进行抢救性发掘。同时组织强有力的勘探队伍,在Ⅰ区南北沿着湖滩逐渐向西南勘探,凡是有墓葬的地方均布方发掘,根据墓葬大小确定布方面积或5×5平方米,或10×10平方米。

发掘探方时,我们采用逐层揭露的方法,探方编号依其所在分区进行统一编号。根据墓葬开口于表土层下这一特点,以勘探结果为依据,先进行大面积开方揭露,取掉探方表土,暴露出墓口,相关信息提取完毕后再逐个发掘墓葬。

柳树沟墓群的墓葬开口一般距地表较浅,约0.3米,部分墓葬原始开口已遭破坏,特别是紧邻湖边的遭流水冲刷严重,甚至人骨已暴露在外,仅残存部分墓坑。同时,各墓葬开口平面也存在普遍向现在湖面倾斜的现象,这可能也与长期的湖水冲蚀有关。至今总计发掘面积为11504平方米,清理墓葬134座,时代跨战国、汉代、宋代和明清,其中东周2座,西汉102座,宋代1座,明清29座。出土了一批铜器、陶器、瓷器、铁器、玉器、石器等不同质地的文物,总计500余件,目前已修复200余件,其余部

航拍全景

湖北省文物局专家组检查工地

山西省考古研究所领导检查工地

全站仪测绘地形及墓葬的分布

分尚在修复中。

东周墓葬2座，长方形竖穴土坑，直壁，随葬陶鬲、豆、罐，人骨已朽尽，葬式不明。以M23为例。

M23，IT1809第1层下开口。墓向48°。竖穴土坑，直壁。墓口呈长方形，距地表0.15～0.25米，长2.3、宽1.56米，墓坑残深1.1～1.26米。葬具一棺一椁，椁长1.74、宽0.9、残高0.32米，棺长1.34、宽0.5、残高0.12米。人骨已朽，仅存少量碎屑。随葬品置于椁内棺外西北角，有陶罐2件，浅盘豆4件，陶壶、陶鬲各1件。

西汉墓葬102座，多为竖穴土坑墓，极个别为竖穴土洞墓。墓葬多开口于表土层下，填土为灰白、黄、黑色为主的五花土。部分墓葬口大底小，余皆直壁。这一时期的墓葬多成群分布，南北向，多在20°～30°之间。还存在部分并穴合葬墓，可能与当时家庭婚亲有关。墓坑四壁有的经过简单加工修整，有的修整平滑，还有少数在墓葬角部侧壁掏有脚窝，可能为修建墓室时上下之用。多数墓葬残存椁棺痕迹，部分墓葬的椁痕平面呈"Ⅱ"形，顶木两头伸出椁外，略上挑；还有部分椁底发现横向或纵向凹槽，可能为椁底垫木。棺的形状亦不尽相同，多为长方形，部分棺南北挡板伸出，平面形状呈"Ⅱ"形。人骨保存较差，大多腐朽殆尽，可辨葬式均为单人仰身直肢葬。随葬品或置于棺外头部附近，或置于棺椁之间的一侧，以日用陶器为大宗，还有部分仿铜陶礼器和青铜礼器，陶器基本组合为双耳罐、釜、钵或鼎、盒、壶、钫、罐、盆等，其中双耳罐、釜、钵的组合尤为盛行。双耳罐多为泥质灰陶，圆唇，卷沿，敞口，束颈，颈肩交界处有一道凸棱，圆肩或溜肩，内凹的小平底，肩部有一对称的竖向双耳；

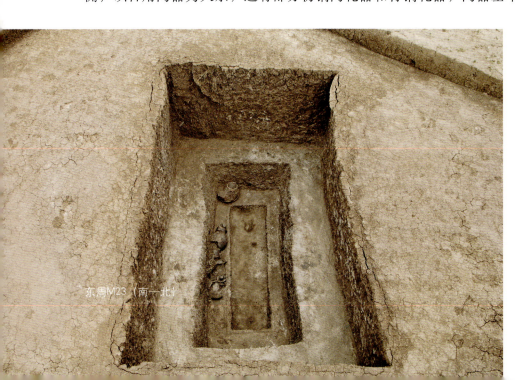

东周M23（南—北）

颈部饰弦纹，上腹饰弦切绳纹，下腹至器底为斜向绳纹。陶釜多为夹砂灰陶，上下腹由于是分制拼接而成，造成其夹砂程度不一，上腹夹细砂，下腹夹粗砂；敞口，束颈，溜肩鼓腹，下腹斜收，圜底。陶钵多泥质浅灰陶，且素面，圆唇，口微敛，平底微显内凹。

下面介绍几座有代表性的墓葬。

M15，IT1411第1层下开口。墓向14°。长方形竖穴土坑，口大底小，斜壁，加工平整。墓口呈长方形，距地表0.1米，南北长3.4、东西宽2.25～2.3米，墓底长2.3、宽1.2米，墓坑残深2米。葬具已朽，仅存些许残迹，一棺一椁，椁痕平面呈"Ⅱ"形，顶木两头伸出椁外，略上挑，椁长2.34、宽1.2米；棺位于椁室中部偏东，呈长方形，长1.94、宽0.56、残高0.06米。人骨仅存零星的几片碎肋骨。棺椁之椁室西侧随葬品有陶鼎2件，陶壶、杯、豆、罐、匜各1件。

M40，IT2205第1层下开口。墓向30°。竖穴土坑，直壁且经加工。墓口平面呈长方形，经流水冲蚀而向湖面倾斜，开口距地表0.04～0.08米，长2.7、宽1.6米，墓坑残深1.08～1.52米。葬具仅存一椁，长2.14、宽1.04、残高0.1米，两端各横置一垫木，垫木长1、宽0.1米。人骨无存。椁内随葬陶豆、陶鼎各2件，陶罐1件。

M46，IT2203第1层下开口。墓向22°。竖穴土坑，口大底小，斜壁且加工平整。墓口平面呈长方形，经流水冲蚀而向湖

西汉M15（东—西）

西汉M40（南—北）

西汉M46（西—东）

西汉M82（西—东）

西汉M88（东—西）

西汉M96（北一南）

西汉陶盆（M42：7）

西汉玉环（M94：1）

西汉铜鼎（M66：2）

西汉铜镜（M70：9）

西汉错银带钩（M75盗洞内）

面倾斜，开口距地表0.06~0.08米，南北长3.38、东西宽2~2.7米，墓坑深3.1~3.5米。葬具一棺一椁，椁长2.7、宽1.62、高0.8米，板厚0.06米；棺位于椁室中西部，长2.18、宽0.56、残高0.1米，板厚0.06米。人骨无存。棺内东侧椁室内随葬有铜鼎、铜钫壶、铜盆、陶壶、残铜器各1件，陶罐2件。

西汉铜钫（M66∶1）颈部刻划符号　　　　　　西汉铜钫（M66∶1）

　　M82，ⅣT3001第1层下开口，毗邻M74。墓向25°。竖穴土坑，直壁经修整。墓口平面略呈梯形，经流水冲蚀而向湖面倾斜，开口距地表0.02～0.05米，长2.9、宽1.8～1.9米，墓坑深1～2.1米。葬具一棺一椁，椁板四角向外斜向翘伸，椁长2.7、宽1.62、

残高0.36米；棺平面呈"Ⅱ"形，位于椁室东部，长2.18、宽0.6、残高0.06米，板厚0.04米。人骨无存。棺外椁室西北角放置陶钫、陶罐、陶鼎、陶盒各2件，陶盂1件。

　　M88，ⅣT3011第1层下开口。墓向20°。长方形竖穴土坑，口大底小，斜壁。墓口经流水冲蚀而残存部分，开口距地表0.1～0.15米，南北长4、东西宽2.6～2.8米，墓底长3.6、宽2.32～2.4米，墓深2.4～3.1米。葬具为一棺一椁，椁长3.16、宽1.7～1.84、高0.9米；棺位于椁室中部，长2.14、宽0.56～0.58、残高0.1米。人骨无存。棺外椁内放置有铜鼎、铜钫壶、陶罐各2件，陶壁1件，铜钱3枚。

　　M96，ⅣT24091第1层下开口。洞室墓，墓向20°。墓道为长方形竖穴，开口距地表0.1米，长3.7、宽2.4～2.5米，斜壁斜底，墓底深3.1～3.4米；洞室两壁较直，洞顶略呈弧形，墓底长2.8、宽1.04～1.2米。葬具为一棺一椁，棺宽0.6～0.7、长2.44米。人骨无存。棺北有一头箱，头箱内有陶罐3件，陶钵2件。

　　宋代墓葬仅1座（M6）。圆形砖室墓，墓道残存半截。墓顶已毁，残存底部。墓向220°。墓内砖室以0.3米见方的方砖对缝平铺，墓室内壁三面各有暗喻不同意义的砖雕和砖嵌拼的各种图案。墓门正对后壁，以砖砌板门，门楣上设两个小长方形门簪。东壁砖拼图案有一桌两椅，西壁残存一刻划方砖，内容为剪刀、熨斗图案。随葬品有铜"熙宁通宝"1枚，瓷盏2件。

　　明清墓葬多为长方形土坑竖穴墓，开口于表土层下，墓坑残深约1米，多随葬有铜钱，如"乾隆通宝"，随葬品通常置于头龛中，龛内多为一瓷罐两旁各侧置一瓷碗，丹江口莲花池同时期墓葬也有类似现象出现，且死者头下通常伴有三组叠置的瓦当，似作瓦枕之意。该时

期墓葬也常见并穴合葬现象，以M5为例。

　　M5，ⅢT1339第1层下开口。墓向315°。竖穴土坑，直壁。墓口平面呈长方形，开口距地表深0.18～0.25米，长2.42、宽0.64米，墓底长2.42、宽0.64米，墓底距地表深0.78～0.92米。单棺，棺长1.85、宽0.36～0.45、残高0.28米。北壁下有一龛，进深0.18、宽0.34、高0.38米。人骨一具，仰身直肢，头向北，面向上，女性。壁龛内随葬瓷碗2件，陶罐1件。

　　经过近两年的发掘与初步整理，可以初步判断，柳树沟墓群以西汉时期墓葬为主体，这在鄂西以往公开的田野考古资料中，有其特殊的学术价值。

　　首先，柳树沟墓群与周边汉代墓地相比，在文化内涵方面表现了相继性，这进一步填补了鄂西汉时期文化遗存的序列，丰富了其区域文化内涵。特别是其常见的敞口凹底罐、双耳壶、圈足盒、矮领罐，是当阳岱家山、郧县幸福院等汉代墓葬的基本组合，只是柳树沟的同类墓葬略显偏早。

　　其次，柳树沟墓群与周边汉代墓地相比，不仅具有其时代的相继性，也存在文化内涵的多元性，如其陶器组合为双耳罐、釜、钵或鼎、盒、壶、罐、盆两套组合，为研究这一时期长江中上游地区的文化交流，打开了一扇窗口。特别是其双耳罐、釜、钵等西

宋M6（南—北）

宋M6墓门及随葬品

宋M6北壁

部因素的出现是否与西汉前后的人群迁徙有关，尚有待进一步证实。该墓地内发现的4座洞室墓也很值得深思。

此外，西汉早期是统一的汉文化形成的初期，而柳树沟墓群西汉墓地的发掘必将为这一时代背景下区域社会文化变迁的讨论，增添一份新的实物材料。

撰稿：王晓毅　郭智勇

宋M6东壁

宋M6西壁

明清M5（南—北）

武当山遇真宫村遗址

◎ 厦门大学历史系

　　遇真宫村遗址位于十堰市武当山特区东约3公里的遇真宫村所处的盆地之内，该盆地北、西、南三面环山，北面为凤凰山，西面为仙关，南面为九龙山，东面地势平坦，水磨河在盆地中央自西向东蜿蜒流过，注入丹江口水库。遗址位于盆地中央水磨河南北两岸的河边台地之上，其北面就是武当山明清古建筑群之一——遇真宫。该遗址于1994年经中国社会科学院考古研究所调查发现，初定为"新石器、汉代"两期内涵。2004年，南水北调中线工程丹江口水库淹没区湖北省文物保护规划组复查确认。遗址中心点地理坐标为东经111°07′15″，北纬32°30′00″，海拔159～162米。

　　2008年7月，厦门大学考古队对以上测定的遗址中心点坐标进行踏查，最终确定了四个发掘区，其中Ⅰ、Ⅱ、Ⅲ区均位于水磨河北岸、遇真宫南侧，第Ⅳ发掘区位于水磨河南岸的河边一级台地之上。

　　Ⅰ、Ⅱ、Ⅲ区距离较近且平面略呈"品"字形，地层堆积性质和土质土色大致相同，因

Ⅰ区房屋遗迹（西—东）

此可将此三区地层统一为4层，其中第1、2层遍布于Ⅰ、Ⅱ、Ⅲ区，第3层仅见于Ⅰ区，第4层见于Ⅰ、Ⅱ两区。现以T1605北壁剖面为例，并结合发掘区实际情况加以说明：

第1层：可细分为1A、1B、1C、1D四层。第1A、1B两层在Ⅰ、Ⅱ、Ⅲ区均有分布。1C、1D层主要分布于Ⅱ、Ⅲ两区地势低洼且临近水磨河的沿岸地区。Ⅲ区1C层下发现有现代废弃的石砌墙基。

第1A层：耕土层，黄褐色，土质疏松，颗粒较大，厚约0.1～0.25米。含有大量植物根茎，少量近现代杂物和一些青花瓷片、瓦片、砖块等。

第1B层：黄褐色，土质较1A层紧密，黏性较大，厚约0.2～0.35米。出土物基本与1A层相同。为现代扰乱层。

勘探现场（东—西）

第1C层：为含沙量很高的带红锈色斑点的黄色黏土，厚约0.14～0.26米。包含物较少，仅出少量青花瓷残片及釉陶残片。为现代洪积层。本方内未见此地层。

第1D层：为带红锈色颗粒的褐色黏土，厚0.15～0.36米。含沙量很高，包含物较少，仅出少量青花瓷残片及陶片。为近代洪积层。本方内未见此地层。

第2层：土色灰黑，土质较疏松，厚约0.1～0.2米。包含有较多瓦砾和砖块、石块。出土遗物以清代民窑青花瓷

周汉陶豆　　　　　周汉陶鬲足　　　　　周汉陶鬲足
（T4302⑤：1）　　（T4103⑤：2）　　（T4202⑤：2）

周汉陶盂（T4402⑤：2）　　　　周汉石斧（采：2）

T2107①C层下明清石板路遗迹（北—南）　　　明清F3散水（北—南）

残片居多，以圈足的器底数量最多，纹饰以花卉纹为主，还有弦纹及文字装饰，夹杂一些明末民窑青花及釉陶片、青瓷、黑瓷和白瓷残片。为清代地层。

本层下出露遗迹有F1、F3～F6、F8～F11和H1等。

第3层：灰褐土，土质疏松，颗粒较大，厚0.15～0.3米。含有大量白色石灰颗粒和一些砖瓦碎片。出土有陶片、缸瓦器、青花瓷等，青花瓷器纹饰主要有草叶纹、花卉纹、弦纹等。该地层主要分布于遇真宫西宫南墙外侧的第I发掘区，其成因应当与明代中晚期遇真宫不断修缮所形成的建筑废弃堆积有关。

明清F3石子路叠压于F2之上（北—南）

本层下出露遗迹有F2、F7等。

第4层：黄褐土，土质细腻较纯净，黏性较大，厚约0.5～0.7米。第4层中约0.3米深度有一层厚约2～5厘米不等的青色石屑层，并出土一些杂乱而厚重的大砖块、大片筒瓦以及石头等，砖块尺寸与遇真宫宫墙砖尺寸相同。出土少量青花瓷、青瓷和白瓷。该地层的形成年代应当与遇真宫初建大致相当。

本层下为生土层，纯净黄色砂土，含小河卵石。

第IV发掘区位于水磨河南岸的河边一级台地之上，距离I、II、III区稍远。但该区地层较为简单，耕土层下是黄褐色泥沙洪积层，其下是黑色清代地层，再下就是褐色周汉地层。通过与I、II、III区地层的比较，我们发现其耕土层可定为1A层，黄褐色泥沙洪积层可定为1B层，黑色清代地层可定为2层，褐

明清F6内出土的动物骨骼（东—西）

明清F8散水（北—南）

色周汉地层在前三区均未发现，暂定为本年度发掘的第5层。周汉地层深0.48～0.53米，厚0～0.43米。呈黑褐色，土质较硬，黏度较高，包含物很纯。泥质陶与夹砂陶比例相当，均为不可复原的残片，可辨识出鬲、豆、罐、盂等器形。纹饰以绳纹最多，素面和弦纹次之，少量篮纹。

　　本年度发现房屋和灰坑两类遗迹12处，其中房址11座，灰坑1个。遗迹编号原则是将四个发掘区统一编号。F1～F9及H1位于第Ⅰ发掘区，F10位于第Ⅱ发掘区，F11位于第Ⅲ发掘区，第Ⅳ发掘区无遗迹现象。其中Ⅰ区发现的9座明清房屋和院落基址大致可分为三期，F2、F7年代稍早，F1、F3、F4、F8年代稍晚，F5、F6、F9年代最晚。

　　F2露口于第3层下，年代最早，墙基多以大块河卵石砌成，较少使用宫墙砖。

　　F1、F3、F4、F8年代较F2稍晚。F1为一铺石庭院，四周以宫墙砖环砌排水沟。F3叠压于F2之上，局部利用了F2原有墙基，将宫墙砖砌入墙基中使用，以小鹅卵石和碎瓦片砌成"人"字形散水和石子路连接房屋和院落。F4、F8在建筑风格上与F1、F3颇为相似，F4亦附带一铺石庭院，F8则以小鹅卵石砌"人"字形散水。F7叠压于F4排水沟之下，墙基以河卵石砌成，未见使用宫墙砖，其年代或与F2相当。

　　F5、F6、F9年代最晚，F5叠压于F4之上，F6、F9叠压于F8之上。其中F6规模最大，北面有五个相连的房间，各房间进深和宽度都较小，但墙基宽大，各房间中还多有石砌方形柱础，使得房内可利用空间更为局促，似非普通民居。

　　Ⅰ区发现的这9座明清房屋和院落基址对于我们研究明清遇真宫乃至整个武当山建筑群的布局规划，探讨遇真宫由明代皇家道观沦落至清代主要由府县及乡绅修葺的兴衰历史具有重要的意义。

明清青花瓷碟 (T1407②：17)

明清青花瓷碟 (T1609①：2)

明清瓷高足杯 (T1502③：6)

明清青花瓷碟 (T1502③：9)

明清青花瓷碟底款 (T3308②：2)

明清青花瓷碗 (T1407②：19)

明清蓝釉花盆 (T1212②：2)

明清筒瓦 (T1211②：2)

明清色釉碟 (T1505②：1)

明清铜鱼 (T1610②：2)

明清铜圣母像（T1313②：5）　　　　　　　明清铜像残片（T1412②：3）

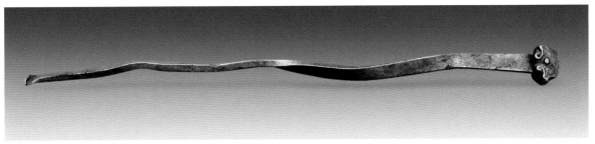

明清银簪（T1513②：1）

　　遗址出土器物分属周汉与明清两个时期。周汉时期遗物出自第Ⅳ发掘区，有陶器、石器两类。周汉陶器器形主要有鬲、罐、盂、豆等。陶质以夹砂红陶为主，泥质红陶次之，极少量泥质灰陶，纹饰则以绳纹为主，约占一半以上，弦纹和素面次之，少量篮纹、方格纹和附加堆纹。石器有磨光石斧和石锛。明清时期遗物出自第Ⅰ、Ⅱ、Ⅲ发掘区，尤以第Ⅰ区种类最多、最全。明清时期遗物以陶瓷器为主，另有铜器、银器、铁器、玉石器等器物。瓷器以青花瓷为主，少量青瓷、黑瓷、白瓷、五彩瓷和色釉瓷。器形主要有碗、碟、杯、盘、盏等。陶器多为瓦当、雕砖等建筑构件，也有碗、烛台、柱形器等。铜器有铜像、铜匙、铜鱼、铜构件、铜钱等。

　　明清时代遇真宫宫外建筑遗存的发现，为复原遇真宫建筑体系乃至整个武当山道教建筑聚落形态的原貌，提供了新的重要线索。具体说，现存的遇真宫古建筑遗存不是孤立的单体建筑，而是一个宗教聚落体系。按照明代史志和本年度的初步调查，该遗址尚有宫外神道、武当山进山大道、会仙桥、泰山庙、仙关等重要史迹，需要做进一步的发掘、揭露，以厘清明代遇真宫周遭宗教聚落形态的整体面貌。

撰稿：王新天

湖北省南水北调工程文物保护工作大事记
（2007～2008年）

2007年7月26～27日，经国务院南水北调办公室批准，湖北省移民局在北京主持召开了南水北调丹江口库区武当山遇真宫保护方案论证会。由考古、文物保护和水利等方面专家组成的专家组对遇真宫保护方案进行了再次讨论，并形成了专家组论证意见。

2007年8月31日～9月3日，著名考古学家、国家文物局考古专家组成员张忠培、严文明先生到我省检查南水北调工程文物保护工作，先后检查了郧县辽瓦店子遗址考古发掘现场和湖北南水北调博物馆。省文化厅副厅长、省文物局局长沈海宁，省文物局副巡视员吴宏堂陪同检查。

2007年9月7日，国家文物局副局长童明康、文物保护司副司长关强等一行来我省考察南水北调中线工程丹江口库区文物保护工作，先后考察了武当山遇真宫、郧县辽瓦店子遗址、湖北南水北调博物馆，省文化厅副厅长、省文物局局长沈海宁，省文物局副巡视员吴宏堂，十堰市政府副市长胡仲军以及丹江口、郧县、武当山等地的有关领导陪同考察。

2007年12月26～29日，国务院南水北调办公室环境与移民司王宝恩、国家文物局文物保护司闫亚林和省专家检查组成员胡美洲、陈振裕、余西云、孟华平等一同检查了南水北调工程丹江口库区文物保护工作，省文物局副巡视员吴宏堂和湖北省移民局、湖北省南水北调办公室、十堰市政府及丹江口市、郧县、郧西县等地的有关领导陪同检查。王宝恩、闫亚林一行先后参观了湖北南水北调博物馆，冒雨检查了郧县郭家院遗址、李泰家族墓群等考古发掘工地和十堰、郧县及丹江口文物整理基地。

2008年1月4日，省文物局聘请武汉大学、省社会科学院、省文管会、省文物考古研究所、省博物馆、省移民局、省南水北调办公室等单位有关专家，开展了2006～2007年度"南水北调工程湖北库区重要考古发现、优秀考古工地及优秀领队"的评选工作。专家组认真观看了入围的14个考古发掘项目的幻灯片演示汇报、审查了各项目及领队报送的申报材料，并按照"公开、公正、公平"和学术性、广泛性、代表性的原则，对入围的14个考古发掘项目和领队进行了评审，最后通过投票的方式，评选出郧县辽瓦店子遗址、郧县乔家院墓群、武当山遇真宫西宫遗址3个重要考古发现，丹江口莲花池墓群、丹江口双树旧石器点、郧县大寺遗址、郧县辽瓦店子遗址、郧县乔家院墓群5个优秀考古工地和黄凤春、黄文新、田亚岐、张治强、周国平5位优秀领队。评审会由省文物局副巡视员吴宏堂主持，省文化厅副厅长兼省文物局局长沈海宁出席评审会并讲话，参加会议的还有省移民局副局长段世耀、省南水北调办公室负责同志等。

2008年4月2日，省文物局在武汉召开"南水北调工程湖北库区2008年考古发掘工作会"，安排部署2008年度丹江口库区文物抢救保护工作，并对2006～2007年度我省库区重要考古发现、优秀考古工地、优秀考古领队的单位和个人进行了表彰奖励。会议由省文物局副巡视员吴宏堂主持，省文化厅厅长杜建国，省文化厅副厅长、省文物局局长沈海宁，省文物局副局长黎朝斌、方学富出席了会议。

2008年4月8日，在国家文物局的指导下，由中国文物报社和中国考古学会共同主办的、在国内外考古界具有重要影响的"2007年度全国十大考古新发现"评选结果揭晓，由省文物局、武汉大学、湖北省文物考古研究所联合申报的郧县辽瓦店子遗址入选，这一项目在全国50多个申报项目中脱颖而出，成为南水北调工程丹江口库区唯一入选的项目，也是继三峡工程湖北库区巴东旧县坪遗址被评为2002年十大考古新发现后，我省考古发掘项目又一次获此殊荣。

2008年4月23日，南水北调工程湖北库区田野考古发掘培训班开学典礼在郧县举行。省文化厅副厅长、省文物局局长沈海宁出席开学典礼并讲话。本次田野考古发掘培训班由省文物局主办，武汉大学历史学院、省文物考古研究所承办，十堰市文物局、郧县文物局协办，目的是为了进一步加强我省文物保护工作者队伍建设，提高南水北调工程考古发掘水平，促进我省南水北调工程文物保护工作的顺利进行。培训班定于4～7月在郧县青龙泉遗址举办，来自省内南水北调中线工程涉及地区的文博单位和省内重点地区博物馆的专业技术人员共30人参加了此次培训。

2008年4月25日，权威考古学核心期刊《考古》杂志"南水北调工程湖北段考古新发现"专稿出版（2008年第4期）。该刊集中发布了我省南水北调工程丹江口库区郧县大寺遗址、辽瓦店子遗址、乔家院墓群、丹江口金陂墓群4篇有代表性的简报。

2008年5月13～15日，省文物局邀请省文管会研究员胡美洲、省文物考古研究所研究员陈振裕、武汉大学教授余西云组成专家组，先后对山西省考古研究所承担的武当山柳树沟墓群、西北大学承担的郧县刘家洼遗址等6个考古发掘项目进行了检查验收。在我省南水北调工程田野考古培训班青龙泉遗址考古发掘现场，专家组对培训班理论讲授、专家讲座与田野实践紧密结合的培训方式给予了充分肯定。省文物局副巡视员吴宏堂、三峡·南水北调办公室主任王风竹参加了检查验收，并慰问了田野考古培训班学员，勉励学员努力学习并掌握过硬的业务本领，为我省文化大繁荣大发展作出新的努力。

2008年6月22～25日，省文物局邀请中国文化遗产研究院研究员乔梁，省文物考古研究所研究员陈振裕，湖北省博物馆副馆长、湖北省文物考古研究所副所长、研究员孟华平，武汉大学考古教研室教授王然及湖北省文物考古研究所研究员周国平组成专家组，由省文物局副巡视员吴宏堂带队深入我省丹江口库区，先后对郧县李营墓群、丹江口行陡坡墓群等11个考古发掘项目进行了检查验收，省文物局三峡·南水北调办公室主任王风竹主持了检查验收。结合部分墓群发掘项目中存在的布方位置与墓葬暴露位置存在偏差和墓葬深浅不一导致实际工作量和有效工作量之间有一定差距的实际情况，专家组及时提出根据墓葬占压面积和埋藏深度相应核减面积的意见，确保了考古发掘面积的有效完成。

2008年8月6日，省文物局邀请省文物考古研究所研究员陈振裕，湖北省博物馆副馆长、湖北省文物考古研究所副所长、研究员孟华平，省古民居保护中心研究员吴晓组成专家组，由省文物局副巡视员吴宏堂带队，先后对山西省考古研究所承担的武当山柳树沟墓群、湖北省南水北调田野考古培训班郧县青龙泉遗址进行了检查验收，省文物局三峡·南水北调办公室主任王风竹主持了现场检查验收。针对柳树沟墓群存在的墓葬容易塌方的现象，专家组要求考古队制定安全预案，落实安全责任到人，采取有效措施确保人员、文物安全。

2008年8月7日，南水北调工程湖北库区田野考古发掘培训班圆满结束，并在十堰市举行了结业典礼。省文物局副巡视员吴宏堂、十堰市副市长高勤参加了结业典礼并讲话。培训期间，20余位知名专家、学者应邀到现场，采取理论知识讲授与田野发掘实践相结合、系统课程讲授与专题讲座相结合、课堂学习与自学相结合的教学方式，讲授了考古学基础知识、各时段考古和考古勘探、考古测量、考古绘图以及动物考古、体质人类学等专题知识，使学员对考古学有了基本的了解。武汉大学和省文物考古研究所的专家顶着烈日酷暑进行田野考古发掘现场指导和训练，提高了学员的田野操作水平，取得了很好的培训效果。

2008年8月29～31日，省文物局邀请武汉大学考古教研室主任陈冰白及湖北省博物馆副馆长、湖北省文物考古研究所所长、研究员孟华平组成专家组，通过听取工作汇报、查看田野记录资料、检查考古发掘现场的方式，先后对厦门大学承担的武当山遇真宫村遗址、荆州博物馆承担的丹江口金陂墓群等4个考古发掘项目进行了检查验收，省文物局副巡视员吴宏堂、三峡·南水北调办公室主任王风竹参加了检查验收。检查组对各发掘项目在考古领队及时到位、带着课题思想工作、规范工作手续、发掘现场规范清理以及田野资料的及时整理等方面的工作给予了充分肯定。

2008年8月31日，国务院南水北调办公室宁远副主任到武当山考察南水北调工程涉及的世界文化遗产——武当山遇真宫文物保护工作，省文物局副巡视员吴宏堂和武当山特区管委会、南水北调中线水源有限责任公司负责同志陪同考察。宁主任一行听取了省文物局与地方文物部门自2004年以来开展武当山遇真宫保护方案比选、论证和遇真宫西宫考古清理工作情况的汇报。宁主任高度重视遇真宫的保护工作，并对我省顾全大局、精心组织、不懈努力地开展遇真宫文物保护工作给予了肯定。

2008年11月10～15日，省文物局邀请中国文化遗产研究院研究员乔梁、省文物考古研究所研究员陈振裕、武汉大学考古教研室主任陈冰白、南京大学考古学教授水涛、省文物考古研究所研究员周国平组成专家组，由省文物局副巡视员吴宏堂带队，先后对成都文物考古研究所承担的丹江口龙口林场墓群、吉林大学承担的张湾区犟河口遗址等7个考古发掘项目和南水北调丹江口市、郧县文物整理基地进行了检查验收，省文物局三峡·南水北调办公室主任王风竹参加了检查验收。专家组还在当地政府、城建部门、文物部门负责人陪同下，考察了丹江口市、郧县地面文物复建选址点，为我省南水北调工程地面文物搬迁复建工作奠定了基础。

2008年11月18～19日、11月26～27日，国家文物局副局长童明康、文物保护司副司长柴晓明、国务院南水北调办公室环境与移民司移民处处长张玉水等先后到我省调研南水北调中线工程文物保护工作。调研组先后考察了南水北调工程丹江口市文物整理基地、龙口林场墓群和北泰山庙墓群考古发掘现场、武当山遇真宫、湖北南水北调博物馆以及湖北南水北调工程文物保护档案室，听取了南水北调工程湖北库区文物保护工作情况汇报。省文物局副巡视员吴宏堂、副局长黎朝斌陪同调研。

2008年12月18日，省文化厅党组书记、厅长杜建国深入丹江口库区调研我省南水北调中线工程文物保护工作，省文物局副巡视员吴宏堂、十堰市副市长刘学勤及丹江口市、郧县、武当山特区有关领导陪同调研。调研期间，杜建国同志先后深入到十堰市博物馆、湖北南水北调博物馆、郧县博物馆、武当山博物馆、遇真宫、玉虚宫、北泰山庙墓群、龙口林场墓群潘家岭考古工地、丹江口市博物馆建设工地以及丹江口文物整理基地等检查指导工作，在考古发掘工地，他详细询问了考古工作进展和考古队员生活、工作中所遇到的困难等情况，并分别向省考古所和成都文物考古研究所的考古工作者赠送了慰问品。

2008年12月19～20日，省文物局在武汉召开了南水北调工程湖北库区2008年度考古工作汇报会，投身我省库区2008年度考古发掘工作的17家项目承担单位的28位领队和各协调、协作以及监理单位负责人汇报了本年度的工作情况，省文化厅副厅长、省文物局局长沈海宁，省文物局副巡视员吴宏堂，副局长黎朝斌、方学富出席了会议。会上，来自中国文化遗产研究院、吉林大学、中山大学、武汉大学、省文管会、省文物考古研究所的专家组成专家组，还评选出了郧县青龙泉遗址等3个优秀考古工地、颜劲松等5位优秀领队，同时评选出十堰市文物局为协调协作先进单位、周兴明等3人为先进个人。

责任印制 张道奇
责任编辑 杨新改
　　　　　张征雁

图书在版编目（CIP）数据

湖北省南水北调工程重要考古发现 II／湖北省文物局
主编.—北京：文物出版社，2010.11
ISBN 978-7-5010-3057-6

Ⅰ.①湖... Ⅱ.①湖... Ⅲ.①南水北调—水利工程—
考古发现—湖北省 Ⅳ.①K872.63

中国版本图书馆CIP数据核字（2010）第202645号

湖北省南水北调工程重要考古发现　II

湖北省文物局 主编

文物出版社出版发行
（北京东直门内北小街2号楼 邮编：100007）
http://www.wenwu.com
E-mail:web@wenwu.com

制版　北京圣彩虹制版印刷技术有限公司
印刷　北京圣彩虹制版印刷技术有限公司
经销　新华书店
开本　889 × 1194毫米 1/16
印张　17.375
版次　2010年11月第1版
印次　2010年11月第1次印刷
书号　ISBN 978-7-5010-3057-6
定价　380.00元